BEI GRIN MACHT SICH IHR WISSEN BEZAHLT

Kierkegaard für Einsteiger

Henrik Borg Jensen

GRIN

Bibliografische Information der Deutschen Nationalbibliothek:

Die Deutsche Nationalbibliothek verzeichnet diese Publikation in der Deutschen Nationalbibliografie; detaillierte bibliografische Daten sind im Internet über http://dnb.d-nb.de abrufbar.

ISBN: 9783346869968
Dieses Buch ist auch als E-Book erhältlich.

Druck und Bindung: Books on Demand GmbH, Norderstedt Germany
Gedruckt auf säurefreiem Papier aus verantwortungsvollen Quellen

Das vorliegende Werk wurde sorgfältig erarbeitet. Dennoch übernehmen Autoren und Verlag für die Richtigkeit von Angaben, Hinweisen, Links und Ratschlägen sowie eventuelle Druckfehler keine Haftung.

Das Buch bei GRIN: https://www.grin.com/document/1356729

Kierkegaard

für Einsteiger

Präsentation und Textauswahl

Henrik Borg Jensen

Inhalt

Vorbemerkung

Dänemarks bedeutendste Beiträge zur Weltliteratur sind die fantasievollen Märchen von Hans Christian Andersen und die existenzphilosophischen Schriften von Søren Kierkegaard.

Beide Schriftsteller lebten in der ersten Hälfte des 19. Jahrhunderts und schrieben ihre Werke im „goldenen Zeitalter" der „dänischen Klassik". Ihre Persönlichkeiten waren sehr unterschiedlich. Beide haben sich mit den Grundfragen der menschlichen Existenz auseinandergesetzt, aber sie haben auf diese Fragen sehr verschiedene Antworten gegeben, die heute noch studiert und diskutiert werden. Ja, einige Literaturwissenschaftler und Philosophen haben tatsächlich Dänisch gelernt, um Andersens und Kierkegaards Texte in der Originalsprache lesen zu können!

Hans Christian Andersen und seine Märchen sind allgemein bekannt, aber nur wenige kennen Søren Kierkegaard und seine Schriften. Andersens Märchen sind meistens leicht zu lesen, Kierkegaards Schriften aber oft schwer – vor allem wegen der Themen und der Sprache.

Kierkegaard für Einsteiger enthält aus dem Dänischen ins Deutsche übersetzte Auszüge aus meinem Buch *Kierkegaards verdener* (Forlaget Bostrup 2016) und ist für diejenigen deutschsprachigen Leser, die zu dicken, philosophischen Werken weder Lust noch Zeit haben, aber trotzdem gern wissen möchten, wer Søren Kierkegaard war, welche Gedanken er sich über die menschliche Existenz gemacht hat, und inwiefern seine Gedanken in unserer Zeit immer noch relevant sind.

Deshalb soll hier der Versuch unternommen werden, Søren Kierkegaards Leben und Denken in Kurzfassung und mit Kernzitaten aus seinen Hauptwerken zu präsentieren, so dass der moderne, eilige Mensch die Möglichkeit bekommt, den weltberühmten Philosophen kennen zu lernen.

In den Jahren 1997-2013 erschien in Dänemark eine neue Gesamtausgabe von *Søren Kierkegaards Skrifter* (SKS) in 55 Bänden (28 Textbänden und 27 Kommentarbänden!). Eine elektronische Ausgabe ist abrufbar auf der Webseite: www.sks.dk. Hier findet man alle Texte und eine Suchfunktion.

Seit 2005 erscheint eine *Deutsche Søren Kierkegaard Edition* (DSKE) im Verlag De Gruyter. DSKE bietet Kierkegaards Texte aus der SKS in deutscher Übersetzung und adaptierte Kommentare. Von den ersten 11 Bänden mit Journalen und Aufzeichnungen sind bis jetzt nur 6 Bände erschienen. Zitate aus Kierkegaards Journalen und Notizbüchern sind der DSKE entnommen.

Neuere Übersetzungen von Kierkegaards Werken liegen im Deutschen Taschenbuchverlag vor: *Entweder – Oder* (dtv 13382) und *Die Krankheit zum Tode, Furcht und Zittern, Die Wiederholung, Der Begriff der Angst* (dtv 13384). Zitate aus diesen Werken sind diesen beiden Bänden entnommen. Die Rechtschreibung wurde behutsam modernisiert.

Für die sprachliche Korrektur danke ich Dr. Maren Ermisch, Universität Göttingen.

Für den Inhalt bin ich allein verantwortlich.

Henrik Borg Jensen

1. LEBEN

Søren Aabye Kierkegaard wurde am 5. Mai 1813 in Dänemarks Hauptstadt Kopenhagen geboren. Die heutige Innenstadt war damals die ganze Stadt. Hinter Festungswällen und Stadtgräben, dicht gedrängt auf einer Fläche von nur 5 km² mit engen, schmutzigen Gassen, hausten 100.000 Menschen - und etwa 5.000 Pferde, Kühe und Schweine. Fast 90 Prozent der Menschen lebten in großer Armut, knapp 10 Prozent unter akzeptablen Bedingungen und weniger als ein Prozent in Reichtum.

Die seit Mitte des 18. Jahrhunderts reiche Handels- und Residenzstadt war wegen der Kriege gegen England 1807-1814 wirtschaftlich ruiniert, und 1813 musste Dänemark den Staatsbankrott erklären. Kierkegaard sah als Dreißigjähriger zurückblickend auf sein Geburtsjahr seine Existenz im Lichte dieses finanziellen Zusammenbruchs:

> „1813 wurde ich geboren, in dem verrückten Geldjahr, da so mancher andere verrückte Zettel in Zirkulation gesetzt wurde. Und mit so einem Zettel scheint meine Existenz am besten verglichen werden zu können. Es ist etwas an mir, als wäre ich etwas Großes – aber aufgrund der verrückten Konjunktur gelte ich nur wenig."[1]

Kierkegaards Vater, Michael Pedersen Kierkegaard (1756-1838), war ein sehr wohlhabender und angesehener Wollwarenhändler. Er stammte aus einer armen Bauernfamilie in Westjütland und hatte als Kind auf der Heide Schafe gehütet. Dieses mühsame, einsame und aussichtslose Leben führte dazu, dass der junge Schäfer eines Tages auf einen Hügel trat, seine Faust gegen den Himmel ballte und Gott verfluchte. Diese damals „sündige" Tat und das daraus folgende Schuldbewusstsein quälten ihn sein Leben lang und machten ihn zu einem schwermütigen, tiefreligiösen und strengen Erzieher seiner sieben Kinder, von denen Søren das jüngste war.

Sørens Mutter, Ane Sørensdatter Lund Kierkegaard (1768-1834), war die zweite Frau seines Vaters und war in dessen erstem Haushalt Dienstmädchen gewesen. Im Gegensatz zu ihrem Ehemann war sie eine gleichmütige, lebensfrohe und fürsorgliche Natur. Trotzdem wird sie in Kierkegaards Journalen nie erwähnt. Aber aus zeitgenössischen Quellen wissen wir, dass er (im Alter von nur 21 Jahren) von ihrem Tod tief betroffen war.

Qualvolle Kindheit

In einem Rückblick auf seine Kindheit schreibt Kierkegaard 1849 in seinem Journal: „Die Freude, Kind zu sein, habe ich doch niemals gehabt." Und drei Jahre später (1852): „O, mein Gott, mein Gott, unglücklich, qualvoll war meine Kindheit." Über seine Erziehung bemerkt er:

> „Als Kind wurde ich streng und ernstlich im Christentum erzogen, menschlich geredet, unsinnig erzogen: an Eindrücken, worunter der schwermütige Greis, der sie auf mich legte, selbst erlag, hatte ich mich schon in frühester Jugend verhoben. Ein Kind, das unsinnigerweise wie ein schwermütiger Greis fühlen, denken, leben sollte! Schrecklich! Was Wunder da, wenn mir das Christentum zu Zeiten als die unmenschlichste Grausamkeit vorkam; wiewohl ich nie (auch als ich ihm am fernsten stand) die Ehrerbietung vor ihm verlor."[2]

Wenn Søren nicht in der Schule ist, verlässt er nur selten das Haus. Meistens beschäftigt er sich mit sich selbst und seinen Gedanken. Oder sein Vater geht mit ihm im Esszimmer auf und ab und erzählt ihm lebhaft über das Leben außerhalb des Hauses. Der Junge erlebt also nur wenig in der wirklichen Welt, aber sehr viel in seiner Fantasie - und er fühlt sich damit „wohlversorgt". Er entwickelt sein Vorstellungsvermögen und die Fähigkeit, wie ein Theaterregisseur seine Gedanken zu visualisieren und sein Leben zu inszenieren. Aber der Preis dafür ist Verschlossenheit und „die dunkelste Schwermut":

„Der Vordergrund meines ganzen Lebens ist überhaupt in einem solchen Maß in die dunkelste Schwermut und die Nebel des zutiefst brütenden Elends gehüllt, dass es kein Wunder ist, dass ich war, wie ich war. Aber derlei bleibt alles mein Geheimnis. Auf einen anderen hätte es vielleicht keinen so tiefen Eindruck gemacht; aber meine Phantasie und besonders in ihren Anfängen, da sie noch keine Aufgaben hatte, denen sie sich zuwenden konnte. Eine derart primitive Schwermut, eine solch ungeheure Mitgift von Kummer und dem im tiefsten Sinne Traurigen, als ein Kind aufgezogen von einem schwermütigen Greis (…)."[3]

Die Folgen einer solchen Erziehung sind Lebensangst und Nachdenklichkeit, die dazu führen, dass er sich als Erwachsener nicht in das Leben, sondern in das Denken vertieft und all seine Energie darauf verwendet, über verschiedene Lebensanschauungen nachzudenken und zu schreiben.

Mit acht Jahren (1821) kommt Kierkegaard in die Schule. Er ist ein begabter und fleißiger Schüler, aber mehr von Zwang als von Lust getrieben. Wegen seiner Kleidung (Friesmantel, kurze Hosen und lange, dicke Wollstrümpfe) wird er oft von den anderen Schuljungen gehänselt. Fast 30 Jahre später erinnert er sich daran:

„Ich erinnere sehr gut von Kind auf, wie es mich betrübte, dass ich derartig kurze Beinkleider haben musste; ich erinnere auch die häufigen Witze meines Schwagers Christian (…) so dass ich der Wahrheit entsprechend sagen kann, dass es eigentlich mein verstorbener Vater ist, den man angreift, wenn man meine Kleidung angreift."[4]

Dazu kommt, dass er schmächtig und kränklich ist - und seit seinem 12. Lebensjahr auch buckelig, weil er von einem Baum gefallen ist.

Trotz seiner Verschlossenheit übt er oft Vergeltung mit spitzen Bemerkungen und wird deshalb auch „die Gabel" genannt. Oder er versteckt sich hinter Ironie und vorgetäuschter Ausgelassenheit.

Kierkegaards Intellekt entwickelt sich nicht nur im Schulunterricht, sondern auch zu Hause, wo oft Universitätsdozenten zu Besuch kommen, um mit seinem belesenen Vater philosophische Themen zu diskutieren. Der Sohn bemerkt die strategischen und rhetorischen Fähigkeiten seines Vaters. Plötzlich kann er wie durch einen Zauberstreich die Diskussionsgrundlage ändern und neue Schwerpunkte setzen. Was in der gelehrten Diskussion eben eine gemeinsame und einleuchtende Wahrheit gewesen ist, wird von seinem Vater mit einem Schlag kompliziert und zweifelhaft gemacht. Genau wie im Schulunterricht erlebt der Sohn zu Hause die Macht des Wortes: Wie ein einzelnes, neues Wort die Bedeutung eines ganzen Satzes ändern kann. Was er in der Schule gelernt hat, wird zu Hause bestätigt und hilft ihm, sein sprachliches Ausdrucksvermögen zu entwickeln –

aber leider nicht seine Lebenstüchtigkeit. Obwohl er „durch Geistesgaben und äußere Verhältnisse auf jede Weise begünstigt" ist, fühlt er sich ständig unter dem Druck der Schwermut seines Vaters und hat eine unmittelbare „Sympathie und Vorliebe für das Leiden".

> „Keinen Augenblick meines Lebens war ich von dem Glauben verlassen: man kann, was man will — nur eines nicht, sonst unbedingt alles, das eine aber nicht: die Schwermut heben, in deren Bann ich war (...) von deren Druck ich kaum einen Tag ganz frei gewesen bin."[5]

Suche nach Identität

Nach seinem Abitur 1830 beginnt Kierkegaard – auf Wunsch seines Vaters – Theologie zu studieren. Aber das Studium im Rahmen der traditionellen Lehrpläne ist „eine Beschäftigung, die überhaupt nicht interessiert und deswegen auch nicht besonders schnell von der Hand geht. Ich habe immer mehr von dem freien, vielleicht deswegen auch ein bisschen unbestimmten Studium gehalten als von der Bewirtung in geschlossener Tischrunde, wo man im Voraus weiß, welche Gäste man trifft und welches Essen man an jedem Wochentag bekommt."[6]

Als ein Gegengewicht zu diesem vorausbestimmten und verbindlichen Theologiestudium liest er philosophische und literarische Werke der deutschen Romantik, damals das große Vorbild für die bürgerliche Kulturelite in Kopenhagen.

Darüber hinaus studiert er die großen und berühmten Außenseiter der Weltgeschichte: *Don Juan* (die dämonische Sinnlichkeit), *Faust* (das ständige Wahrheitsstreben) und *Ahasverus* (die ewige Heimatlosigkeit). Kierkegaard kann sich mit diesen Einzelgängern identifizieren, weil sie mit ihren Lebensanschauungen und Lebensführungen zu den moralischen Normen ihrer Zeit in Opposition standen. Doch der Zweifel nagt an ihm: In welche Richtung soll *er* sich ausbilden? Welche Wahrheit ist für *ihn* die richtige?

> „Jeder Mensch möchte natürlich gemäß seinen Fähigkeiten in der Welt wirken, aber daraus folgt ja wiederum, dass er seine Fähigkeiten in eine bestimmte Richtung ausbilden möchte, in die nämlich, die am besten zu seiner Individualität passt. Aber welche ist diese? Hier stehe ich vor einem großen Fragezeichen. Hier stehe ich (...) nicht am Scheideweg – nein hier zeigt sich eine weitaus größere Mannigfaltigkeit von Wegen, und umso schwieriger ist es also, den richtigen zu nehmen. Das ist vielleicht gerade das Unglück meiner Existenz, dass ich mich für allzu vieles interessiere und nicht entschieden für eines (...)."[7]

Wenn sich Kierkegaard „für allzu vieles und nicht entschieden für eines" interessiert, denkt er vielleicht nicht nur an seine impulsive und planlose Lektüre, sondern auch an seinen umfassenden Privatkonsum: Bücher, Weine, Maßanzüge, Restaurant- und Theaterbesuche und dazu auch noch Pferdekutschenfahrten in der Umgebung von Kopenhagen und in sein geliebtes Nord-Seeland. In einem späteren Rückblick auf seine Jugendjahre charakterisiert er seine Lebensweise als „Verirrung, Lüste, Ausschweifungen, die vielleicht in Gottes Augen nicht so himmelschreiend sind, denn es war ja doch Angst, die mich irregehen ließ."[8]

Wenn Kierkegaard in den Kopenhagener Caféhäusern am Studentenleben teilnimmt, ist es oft mit vorgetäuschter Fröhlichkeit, denn hinter seiner Fassade lauert eine ungeheure Schwermut. Die oberflächlichen Vergnügungen bringen ihm keine echte Begeisterung, sondern nur Langeweile und eine daraus folgende Zerrissenheit:

> „Sowohl auf dem bodenlosen Meer der Vergnügungen als auch in den Tiefen der Erkenntnis habe ich vergebens einen Ankerplatz gesucht. Ich habe die nahezu unwiderstehliche Macht gespürt, mit der die eine Vergnügung der anderen die Hand reicht; ich habe diese Art von unechter Begeisterung empfunden, die sie imstande ist hervorzurufen; ich habe auch die Langeweile gefühlt, die Zerrissenheit, die daraus folgt."[9]

Um seine Schwermut zu verbergen, versteckt er sich meistens hinter einer Fassade von Witzen:

> „Ich komme jetzt eben aus einer Gesellschaft, wo ich die Seele war, die Witze strömten aus meinem Munde, alle lachten, alle bewunderten mich – aber ich, ja, der Gedankenstrich müsste genauso lang sein wie die Radien der Erde --
> --
> ging fort und wollte mich erschießen."[10]

Der Sommer 1835 wird ein entscheidender Wendepunkt in Kierkegaards Leben. Am 1. August fährt er an die Nordküste Seelands, um sich im kleinen, abgelegenen Fischerdorf Gilleleje zu erholen. In seinem Journal schreibt er die berühmten Worte über die persönliche Wahrheit:

> "Was mir eigentlich fehlt ist, dass ich mit mir selbst ins Reine darüber komme, *was ich tun soll*, nicht darüber, was ich erkennen soll – es sei denn soweit ein Erkennen jedem Handeln vorausgehen muss. Es kommt darauf an, meine Bestimmung zu verstehen, zu sehen, was die Gottheit eigentlich will, dass ich tun solle; es gilt, eine Wahrheit zu finden, die Wahrheit *für mich* ist, *die Idee zu finden, für die ich leben und sterben will*. Und was nützte es mir, dazu, wenn ich eine so genannte objektive Wahrheit ausfindig machte (…), wenn es für *mich selbst* und *mein* Leben keine tiefere Bedeutung hätte? (…) Das war es, was mir fehlte: ein vollkommen menschliches Leben zu führen, und nicht bloß eins der Erkenntnis, um dadurch so weit zu kommen, dass ich meine Gedankenentwicklungen nicht gründete auf – ja auf etwas, was man ‚objektiv' nennt – etwas, was auf jeden Fall nicht mein eigen ist, sondern auf etwas, was mit der tiefsten Wurzel meines Daseins zusammenhängt, wodurch ich sozusagen im Göttlichen eingewachsen bin und fest darin hänge, wenn auch die ganze Welt zusammenstürzt. Schau, *das ist es, was mir fehlt*, und *dahin strebe ich* (…). Es ist dieses innere Handeln des Menschen, diese Gottes-Seite des Menschen, worauf es ankommt, nicht auf eine Masse von Erkenntnissen (…). Nur wenn der Mensch dergestalt sich selbst verstanden hat, vermag er sein selbständiges Dasein zu behaupten und somit zu vermeiden, dass er sein eigenes Ich aufgibt."[11]

Westlich von Gilleleje (in Gilbjerg Hoved) steht seit 1935 ein Gedenkstein mit Kierkegaards rhetorischer Frage eingemeißelt: „Hvad er Sandhed andet end en Leven for en Idee?" (d.h. „Was ist Wahrheit anders als ein Leben für eine Idee?").

Nach dieser Erkenntnis im Sommer 1835 kommt Kierkegaard in Kontakt mit den führenden Philosophen in Kopenhagen, besonders denjenigen, die zu der systematischen und spekulativen, deutschen Philosophie von *Georg Wilhelm Friedrich Hegel* (1770-1831) in Opposition stehen: *Frederik*

Christian Sibbern (1785-1872) und *Poul Martin Møller* (1794-1838). Beide vertreten die Ansicht, dass die Philosophie von der individuellen Persönlichkeit des einzelnen Menschen ausgehen muss. Oder wie es Kierkegaard später formuliert: „Die Subjektivität ist die Wahrheit".

Irgendwann nach 1835 erfährt er - direkt oder indirekt -, dass sein Vater in seinen jungen Jahren schwere „Sünden" begangen habe, und dass er deshalb Gottes Strafe auf sich gezogen habe. Dieses neue „Wissen" ist für Kierkegaard „das große Erdbeben", das mit einem Schlag das väterliche Vorbild vernichtet, zu dem er bis jetzt mit Respekt und Ehrfurcht aufgeblickt hat:

> „Da geschah es, dass das große Erdbeben stattfand, die furchtbare Umwälzung, die mir plötzlich ein neues, unfehlbares Deutungsgesetz für sämtliche Phänomene aufnötigte. Da ahnte mir, dass meines Vaters hohes Alter nicht ein göttlicher Segen war, sondern eher ein Fluch; dass die ausgezeichneten Geistesgaben unserer Familie nur dazu da waren, damit wir uns gegenseitig aufreiben sollten; da fühlte ich wie die Stille des Todes um mich her zunahm, wenn ich in meinem Vater einen Unglücklichen erblickte, der uns alle überleben sollte, ein Friedhofskreuz auf dem Grab aller seiner eigenen Hoffnungen. Eine Schuld musste auf der ganzen Familie lasten, eine Strafe Gottes musste über ihr hängen; sie sollte verschwinden, ausgestrichen werden von Gottes gewaltiger Hand, ausgelöscht werden von Gottes gewaltiger Hand, ausgelöscht als ein misslungener Versuch; und nur zuweilen fand ich ein wenig Ruhe in dem Gedanken, dass meinem Vater die schwere Pflicht auferlegt worden war, uns durch den Trost der Religion zu beruhigen, uns allen zu erzählen, dass dennoch eine bessere Welt uns offenstehen sollte, wenn wir auch alles in dieser verloren, wenn auch die Strafe uns treffen würde, die die Juden immer auf ihre Feinde herab wünschten: dass unser Andenken vollständig ausgelöscht sein sollte, dass man uns nicht finden sollte."[12]

Von jetzt an deutet Kierkegaard sein Leben im Lichte der „Sünden" seines Vaters. Er fühlt, dass nicht nur sein Vater, sondern auch seine Familie unter Gottes Strafe steht. Den Beweis dafür sieht Kierkegaard darin, dass innerhalb von nur 15 Jahren (1819-1834) fünf von seinen sechs Geschwistern im jungen Alter zwischen 12 und 33 Jahren gestorben sind. Und er ist fest davon überzeugt, dass auch er – wie Jesus – vor seinem 34. Lebensjahr sterben wird.

Nur der Vater erreicht ein zu der Zeit ungewöhnlich hohes Alter von 81 Jahren. Dass er den Tod von fünf seiner sieben Kinder erleben muss, betrachtet er als Gottes Strafe für sein sündiges Leben, besonders für seine Gotteslästerung.

Am 8. August 1838 stirbt auch der Vater. Kierkegaard betrachtet seinen Tod als „das letzte Opfer", das er aus Liebe zu ihm gebracht hat. „Denn er ist nicht von mir gegangen, sondern für mich dahingegangen, damit, wenn möglich, noch etwas aus mir werden könne (...)."[13]

Der Vater hinterlässt ihm eine große Summe, so dass seine wirtschaftliche Existenz gesichert ist, und er sich ganztags seinen Studien widmen kann. Zielbewusst setzt er sein Studium fort und beendet es zwei Jahre später (1840) als Kandidat der Theologie. Damit hat er den Wunsch seines Vaters erfüllt und hat vielleicht (so der Vater) Gottes Urteil über ihn milder gemacht.

Zwei Wochen nach dem Abschluss seines Studiums reist Kierkegaard nach Westjütland, um den Ort zu sehen, wo sein Vater als Kind Schafe gehütet und Gott verflucht hat.

„Ich sitze hier ganz allein (…) und zähle die Stunden, bis ich Sæding sehen werde. Ich kann mich nie an eine Veränderung an meinem Vater erinnern, und nun soll ich die Orte sehen, wo er als armer Junge Schafe gehütet hat, die Orte, nach denen ich aufgrund seiner Beschreibungen Heimweh gehabt habe. (…) Sein letzter Wunsch an mich ist erfüllt.- Sollte wirklich meine ganze irdische Bestimmung darin aufgehen? In Gottes Namen! Die Aufgabe war doch nicht so gering im Verhältnis zu dem, was ich ihm verdankte. Ich lernte von ihm, was Vaterliebe ist, und dadurch bekam ich einen Begriff von der göttlichen Vaterliebe, dem einzigen Unerschütterlichen im Leben."[14]

Kurze Verlobung

Nach seiner Rückkehr aus Jütland Anfang August 1840 verlobt sich Kierkegaard im September mit der zehn Jahre jüngeren Bürgertochter Regine Olsen, die er im Mai 1837 kennen gelernt hat. Sie war damals 15 und er 24 Jahre alt.

In einer späteren Aufzeichnung in seinem Notizbuch schreibt er:

„Im August kam ich zurück. Die Zeit vom 9. August bis zum Anfang September habe ich im strengeren Sinne benutzt, mich ihr zu nähern. Den 8. September ging ich mit dem festen Vorsatz von zu Hause fort, nun das Ganze zur Entscheidung zu bringen. Wir trafen uns auf der Straße, gerade vor ihrem Haus. Sie sagte, es sei niemand daheim. Ich war dummdreist genug, dies eben als eine Invitation zu verstehen, als das, was ich brauchte. Ich ging mit hinauf. Da standen wir zwei allein in der Wohnstube. Sie war etwas unruhig. Ich bat sie, mir etwas vorzuspielen, wie sie es sonst tat. Sie tut das; aber es will mir nicht glücken. Da nehme ich plötzlich das Notenbuch weg, schlage es nicht ohne eine gewisse Heftigkeit zu, werfe es auf das Klavier hin und sage: „Ach, was kümmert mich jetzt Musik! Sie suche ich, Sie habe ich diese zwei Jahre gesucht!" Sie verstummte. Übrigens habe ich nichts getan, sie zu überreden; ich habe sogar vor mir selbst, vor meiner Schwermut gewarnt. (…) Ich ging unmittelbar zum Staatsrat [d.h. Regines Vater] hinauf. Ich weiß, ich hatte eine schreckliche Angst, einen zu starken Eindruck auf sie gemacht zu haben, sowie, dass mein Besuch auf irgendeine Weise Anlass zu Missverständnissen, wohl gar zur Schädigung ihres Rufs geben könnte. Der Vater sagte weder ja noch nein, war aber doch durchaus willens, wie ich leicht verstand. Ich verlangte eine Unterredung; ich erhielt sie am Nachmittag des 10. Sept. Ich habe kein einziges Wort gesagt, um zu betören – sie sagte ja."[15]

Es ist Kierkegaards Hoffnung, durch Regine von seiner Schwermut befreit zu werden:

„Ich liebte sie sehr. Sie war so leicht wie ein Vogel, so dreist wie ein Gedanke; ich ließ sie höher und höher steigen, ich streckte meine Hand aus, und sie stand darauf und schlug mit den Flügeln und rief zu mir herunter: Hier ist's herrlich. Sie vergaß es, sie wusste nicht, dass ich es war, der sie leicht machte, ich, der ihrem Gedanken Dreistigkeit gab, der Glaube an mich, der sie auf dem Wasser gehen ließ, und ich huldigte ihr, und sie nahm meine Huldigung an."[16]

Regines Gefühle für Kierkegaard kennen wir nicht, aber im Alter von 76 Jahren (!) erzählt sie, dass er einen sehr starken Eindruck auf sie gemacht hat. Vieles deutet darauf hin, dass er ihre für die Zeit typische Lebensanschauung verändert und ihre traditionelle Rolle als Frau in Frage gestellt hat.

Vielleicht hat sie mit Kierkegaard Mitleid gehabt und hat es als ihre Lebensaufgabe gesehen, ihn von seiner Schwermut zu befreien. Im hohen Alter erinnert sie sich daran, dass in ihrer Jugend die französische, christliche Märtyrerin *Jeanne d'Arc* ihre Heldin war. Vielleicht hat sie die dänische Übersetzung von Friedrich Schillers Tragödie *Die Jungfrau von Orleans* gelesen, die 1813 in Kopenhagen erschienen war, und hat sich mit der aufopfernden Heiligen identifiziert.

Kierkegaard erwähnt Regine nicht direkt in seinen Schriften, aber als er 1851 zwei religiöse Reden veröffentlicht, widmet er „einer Ungenannten, deren Name einmal genannt werden wird" sein gesamtes, schriftstellerisches Wirken.

Doch schon wenige Tage nach der Verlobung mit Regine beginnt Kierkegaard, eine gemeinsame Zukunft mit ihr zu bezweifeln. Immer wieder melden sich die Fragen in ihm: Kann er mit seiner Nachdenklichkeit, Schwermut und inneren Zerrissenheit eine Ehe schließen und ein unmittelbares, lebensfrohes Mädchen wie Regine glücklich machen? Und ist ein bürgerliches Leben mit ehelichen Pflichten überhaupt vereinbar mit seiner freien, schriftstellerischen Tätigkeit?

In seinem Journal im Mai 1843 macht er diese rückschauende, aber später durchgestrichene Notiz:

> „Aber hätte ich mich ihr erklären sollen, hätte ich sie in entsetzliche Dinge einweihen müssen, mein Verhältnis zu Vater, seine Schwermut, die ewige Nacht, die im Innersten brütet, meine Verirrung, Lüste, Ausschweifungen, die vielleicht in Gottes Augen nicht so himmelschreiend sind, denn es war ja doch Angst, die mich irregehen ließ, und wo hätte ich Zuflucht suchen sollen, wusste oder ahnte ich doch, dass der einzige Mann, den ich um seiner Stärke und Kraft willen bewundert hatte, schwankte."[17]

Im selben Jahr (1843) stellt einer von Kierkegaards pseudonymen Verfassern folgende kritische Frage nach dem Verhältnis zwischen Leidenschaft und Reflexion:

> „(...) ist es nicht eine Art von Wahnsinn, in solchem Grad jede Leidenschaft, jede Rührung des Herzens, jede Stimmung dem kalten Regiment der Reflexion unterworfen zu haben! Ist es nicht Wahnsinn, in solcher Weise normal zu sein, nur Idee, nicht Mensch, nicht wie wir anderen, biegsam und nachgiebig, verloren und sich verlierend! Ist es nicht Wahnsinn, in solcher Weise immer wach zu sein, immer bewusst, niemals dunkel und träumend!"[18]

Diese Kritik trifft auch Kierkegaard selbst. In seinem Leben unterwirft auch er „jede Leidenschaft, jede Herzensrührung (...) dem kalten Regiment der Reflexion". Er ist „immer bewusst, niemals dunkel und träumend". Die Schwermut seines Vaters und die Frohnatur seiner Mutter kämpfen in ihm, und die Schwermut gewinnt. Kierkegaard muss erkennen, dass er nicht den Mut hat zu heiraten. Seine eigene ethische Forderung nach einer Ehe in totaler Offenheit und Vertrautheit kann er nicht erfüllen. Deshalb muss er auf Regine verzichten. Aber wie? Um alles in der Welt will er im kleinbürgerlichen Kopenhagen den unerhört peinlichen Skandal vermeiden, dass *er* die Verlobung aufhebt, und dass *sie* als eine gekränkte und verletzte Frau zurückbleibt. Deshalb tut er alles, was er kann, um auf sie unsympathisch und abstoßend zu wirken, so dass *sie* die Verlobung aufhebt. Damit wird Regine in der Öffentlichkeit in einem besseren Licht stehen, und sie wird ihr Minderwertigkeitsgefühl ihm gegenüber loswerden. Also soll es ihr und der Umwelt klar sein: *er* hat nicht *sie* verlassen, sondern *sie* hat *ihn* durchschaut und demnach *ihn* verlassen. In seinem *Tagebuch des Verführers* lässt Kierkegaard den Verführer etwas Ähnliches ausdrücken: „Ich möchte wohl wissen, ob man sich so aus einem Mädchen heraus dichten kann, dass sie sich stolz einbildete, sie habe das Verhältnis gelöst, weil sie desselben überdrüssig geworden sei."

1849 erinnert sich Kierkegaard an diese Zeit „des Betrugs":

> „In diesen zwei Monaten des Betrugs trug ich vorsichtshalber Sorge, ihr von Zeit zu Zeit direkt zu sagen: gib nach, lass mich los; Du erträgst es nicht. (...) Ich schlug auch vor, der Sache die Wendung zu geben, dass sie es sei, die mit mir gebrochen habe, um ihr alle Kränkungen zu ersparen. Das wollte sie nicht, sie erwiderte, wenn sie das andere ertragen würde, ertrüge sie wohl auch das (...)."[19]

Kierkegaards „Spiel" mit Regine gelingt nicht. Regine hat wohl bei ihrem Verhältnis Bedenken gehabt, aber sie will – schreibt Kierkegaard – die Verlobung nicht lösen. Kierkegaard muss selbst den entscheidenden Schritt tun und die „Wahl" treffen. Am 11. August schickt er Regine seinen Verlobungsring zurück, aber erst zwei Monate später ist der Bruch endgültig. (Mehr als 50 Jahre später glaubt Regine tatsächlich, dass *sie* und nicht Kierkegaard die Verlobung aufgelöst habe!)

Warum konnte Kierkegaard mit Regine keine intime Beziehung eingehen? Welche Barrieren haben ihn zurückgehalten? Sein abnormes Aussehen? Physische Impotenz? Seine intellektuelle Potenz? Sein antibürgerliches Denken? Bindungsangst? Es gibt keine eindeutige Antwort auf diese Fragen. Aber unter allen Umständen hat seine strenge, christliche und einseitig intellektuelle Erziehung ihn überspannt gemacht und hat ihm früh eine existentielle Lebensangst eingeflößt, so dass er keine unmittelbare Beziehung zu anderen Menschen – besonders Frauen – herstellen oder pflegen konnte.

> „Ich habe keine Unmittelbarkeit gehabt, habe daher, schlecht und recht menschlich verstanden, nicht gelebt; ich habe sogleich mit Reflexion begonnen, habe nicht erst in späteren Jahren ein bisschen Reflexion gesammelt, sondern ich bin eigentlich Reflexion von Anfang bis Ende."[20]

Kierkegaards Charakteristik seiner Zeitgenossen trifft auch ihn selbst:

> „Ein jeder, welcher die trügliche Beute davongetragen hat, abnorme Verständigkeit zu gewinnen durch den Verlust der Fähigkeit zu wollen und der Leidenschaft zu handeln, hat darum eine starke Neigung, seine Haltlosigkeit abzusteifen mit allerhand Vorausbetrachtungen, die sich vortasten und unterschiedlichen Nachbetrachtungen, die das Geschehene umerklären."[21]

Auch Kierkegaard hatte „abnorme Verständigkeit" gewonnen und dadurch die „Leidenschaft zu handeln" verloren. Seine Leidenschaft war nicht körperlich, sondern innerlich, d.h. intellektuell:

> "Menschlich gesprochen ist mein Unglück, dass ich zu wenig Leiblichkeit habe; meine Innerlichkeit [...] zittert beinahe in der kleinsten Nebensächlichkeit, die ich mir vornehme (...). Ein gesunder, starker Mensch zu sein, der an allem teilnehmen könnte, der körperliche Kraft hätte und ein sorgloses Gemüt: o, wie oft habe ich mir das in früheren Zeiten gewünscht. In der Zeit der Jugend ist meine Qual furchtbar gewesen."[22]

Kierkegaards ironische Distanz zum animalischen Körper macht ihn unmittelbar zu einer tragischen Figur. Seine tiefen, philosophischen Reflexionen über das Leben kompensieren einigermaßen die unrealisierten, körperlichen Triebe. Das Missverhältnis zwischen Geist und Körper, Seele und Leib, scheint zwar krankhaft, ist aber eine Voraussetzung für seine intellektuelle Produktivität.

Ein halbes Jahrhundert nach Kierkegaards Tod erklärt der österreichische Arzt und Psychologe *Sigmund Freud* dieses Phänomen als ein Symptom eines ungelösten, psychischen Konflikts im „Ich" zwischen dem „Lustprinzip" (den unbewussten Trieben) und dem „Idealprinzip" (den durch die Erziehung eingepflanzten Moralnormen). Das „Ich" wehrt sich gegen das „Unbehagen" in diesem Konflikt zwischen „Natur" und „Kultur", indem es die Triebe in geistige (intellektuelle / künstlerische / religiöse) Aktivität verschiebt und dadurch eine Ersatzbefriedigung auf einer feineren und höheren Ebene bekommt. Die „Natur" wird sozusagen in „Kultur" umgebildet.

Schriftstellerische Berufung

Als Kierkegaard am 12. Oktober 1841 endgültig seine Verlobung mit Regine löst, trifft er eine existentielle Wahl: Er verzichtet auf das irdische Glück und folgt seiner Berufung zum Schriftsteller – genau wie der junge Mensch in *Die Wiederholung* (1843):

> ”Wenn die Idee ruft, verlasse ich alles (…). Es lebe der Flug der Gedanken, es lebe die Lebensgefahr im Dienst der Idee."[23]

Nach dem Bruch mit Regine verlässt Kierkegaard am 25. Oktober 1841 Kopenhagen und reist nach Berlin, dem damaligen Kulturzentrum Europas, um dort an der Universität Friedrich Schellings philosophische Vorlesungen zu hören. Besonders seine Idee vom „Verhältnis der Philosophie zur Wirklichkeit" macht ihn froh: „Als er das Wort „Wirklichkeit" nannte, da hüpfte die Frucht des Gedankens in mir vor Freude". „Wirklichkeit" ist das, was er in seinem gedankenschweren Leben und in der spekulativen Philosophie seiner Zeit vermisst.

> ”Was die Philosophen über die Wirklichkeit sagen, ist oft ebenso irreführend, wie wenn man bei einem Trödler auf einem Schilde liest: Wäschemangel. Würde man mit seiner Wäsche kommen, um sie mangeln zu lassen, so wäre man angeführt; denn das Schild steht dort nur zum Verkauf."[24]

In Berlin arbeitet er an seinem philosophischen Hauptwerk *Entweder – Oder*. Hier beschreibt und analysiert er die Widersprüche seines Lebens: einerseits das süße, unverbindliche Leben als junger Student und andererseits das in seinen Gedanken konstruierte, verantwortungsvolle Leben als reifer Ehemann. Diese beiden „Stadien auf dem Lebensweg" werden nicht als Entwicklungsstufen dargestellt, sondern als zwei unterschiedliche Lebensanschauungen und Lebensführungen, von denen jeder einzelne Mensch *entweder* die eine *oder* die andere *wählen* muss. Und es regt zum Nachdenken an, dass Kierkegaard mit dem zweiten Teil, dem Leben als Ehemann, anfängt! Seine Erinnerungen an die verlassene Regine sind ihm offenbar nicht aus dem Kopf gegangen.

Im März 1842 kehrt Kierkegaard aus Berlin nach Kopenhagen zurück, um *Entweder – Oder* zu vollenden. In den folgenden Jahren wird er in Kopenhagen wegen seiner täglichen Spaziergänge durch die Stadt, wegen seines merkwürdigen Aussehens und seiner Lebensweise eine bekannte Gestalt. Der dänische Literaturkritiker und Schriftsteller Georg Brandes (1842-1927) hat 1877 folgendes „Charakterbild" von Kierkegaard gegeben:

„Der merkwürdige Mann war in Kopenhagen als ein Straßenoriginal bekannt. Die Außenseite seines Lebens war wunderlich und monoton. Man konnte ihm in früher Morgenstunde auf den abgelegenen Pfaden längs des Stadtgrabens begegnen, für den er, humoristisch genug, eine Fischereimarke gelöst hatte, um ungestört denken und dichten zu können (...).

An einem anderen Tage konnte man auf der Østergade [Oststraße] um die Mittagszeit zwischen zwei und vier Uhr im Menschenschwarme die hagere und dürre Gestalt mit dem gebeugten Haupte und dem Regenschirm unterm Arme verfolgen (...). Er grüßte jeden Augenblick nach rechts und nach links, unterhielt sich bald mit Diesem bald mit Dem, hörte ein vereinzeltes Mal einen kleinen Gassenjungen „Entweder – Oder" hinter sich her schreien, ließ sich mit Krethi und Plethi [allen möglichen Leuten] ein, ebenso zugänglich für Jeden hier auf der Straße wie unzugänglich in seinem Daheim (...).

Aber, ging man dann eines Winterabends an seinem Hause vorüber, und fiel der Blick auf die lange Reihe erhellter Fenster, welche der von ihm bewohnten Etage das Aussehen gaben, als sei dieselbe illuminiert, so ahnte oder gewahrte man eine Flucht schön möblierter, sämtlich geheizter Zimmer, in welchen der seltsame Denker auf und ab schritt unter einer Stille, die nur durch das Kritzeln der Feder auf dem Papier unterbrochen ward, wenn er stehen blieb, um einen Einfall in sein Manuskript oder eine Notiz in sein Tagebuch zu schreiben; denn in allen Zimmern fand sich Tinte, Feder und Papier."[25]

In dem Kopenhagener Satireblatt *Corsaren* (Der Korsar) wird Kierkegaard Anfang 1846 wegen seiner Schriften und seines Aussehens kritisiert und lächerlich gemacht. Auf seinen täglichen Spaziergängen wird er von Schuljungen und Studenten verhöhnt. Diese Angriffe erschüttern ihn und tragen dazu bei, dass er sich als einen Märtyrer sieht, der verfolgt wird und allein gegen die Welt kämpft.

Angriffe auf die Staatskirche

Im September 1851 zieht sich Kierkegaard von der Öffentlichkeit zurück und gibt die nächsten drei Jahre keine Schriften heraus. Aber nur um seinen Kampf gegen die dänische Staatskirche gründlich vorzubereiten.

Erst drei Jahre später am 18. Dezember 1854 bricht er sein Schweigen. Der Anlass ist eine Grabrede auf den verstorbenen Bischof von Seeland, Jakob Peter Mynster, in der ihn sein Nachfolger, Hans Lassen Martensen, als einen echten, christlichen „Wahrheitszeugen" bezeichnet. In einem längeren Zeitungsartikel stellt und beantwortet Kierkegaard die kritische Frage: „War Bischof Mynster ein ‚Wahrheitszeuge‘, einer von den ‚echten Wahrheitszeugen‘, ist das Wahrheit?" Nein, schreibt Kierkegaard. Diese Aussage über Mynster sei eine „himmelschreiende Unwahrheit", denn er sei „schwach, genusssüchtig und groß nur als Vortragskünstler" gewesen.[26]

In seinem letzten Lebensjahr 1855 kritisiert Kierkegaard in etwa zwanzig Zeitungsartikeln und in seiner Zeitschrift *Øieblikket* (Der Augenblick) die nach seiner Meinung oberflächliche, gemäßigte und unechte Frömmigkeit der dänischen Staatskirche und ihrer Berufspfarrer. Die bestehende, „offizielle Christenheit" sei eine Fälschung des ursprünglichen, „wahren Christentums" und somit ein Betrug.

Zusammenbruch und Tod

Am 2. Oktober 1855 im Alter von nur 42 Jahren erleidet Kierkegaard einen Schlaganfall auf offener Straße und wird ins Hospital gebracht, wo er am 11. November stirbt. Am 18. November wird er - nach einer Feierlichkeit in der Frauenkirche - auf dem Assistenzfriedhof vor dem nördlichen Stadttor Kopenhagens im Familiengrab beigesetzt. Auf einer Grabtafel steht die letzte Strophe eines Kirchenliedes vom dänischen Psalmendichter Hans Adolph Brorson (1694-1764):

> "Noch eine kleine Zeit,
> so ists gewonnen,
> so ist der ganze Streit
> ins Nichts entronnen:
> Im Rosensaal darf ich
> ohn Unterbrechen
> auf ewig, ewiglich
> mit Jesus sprechen."[27]

Der Propst segnet den Verstorbenen. Aber Kierkegaards Neffe, der Arzt Henrik Lund, tritt hervor, ergreift das Wort und protestiert in einer kurzen Rede gegen die kirchliche Vereinnahmung des Kirchenkritikers. Nach einem kurzen, diskreten Beifall verlassen die Umstehenden schweigend und bedrückt das Grab.

Bei einem Gerichtsverfahren wird Henrik Lund zu einer Geldstrafe von 100 Reichstalern verurteilt. Für diesen Betrag hätte er 30 Exemplare von Kierkegaards Schrift *Taten der Liebe* kaufen können.

2. DENKEN

Eines Sonntagnachmittags 1841 sitzt der 28-jährige Kierkegaard in einem Park außerhalb von Kopenhagen. Da fasst er den Entschluss, sich als Schriftsteller zu versuchen:

> „Ich hatte einige Jahre meines Studentenlebens in einer Art Müßiggang hingebracht, wohl einiges gelesen und gedacht, aber meine Indolenz hatte gänzlich überwogen; da sitze ich also vor 4 Jahren [1841] eines Sonntagnachmittags draußen beim Konditor im Frederiksberger Park und rauche meine Zigarre und schaue mir die Dienstmädchen an, und schau, plötzlich ergreift mich dieser Gedanke: Du vertust jetzt Deine Zeit, ohne irgendeinen Nutzen. In allen Richtungen tritt ein teures Genie nach dem anderen auf und macht das Leben und das Dasein (…) immer leichter – *was tust Du?* Solltest Du denn nicht irgendetwas herausfinden, wodurch auch Du der Zeit dienen könntest? Da fiel es mir ein: was, wenn ich mich hinsetzte und alles schwierig machte. (…), denn wenn es gar keinen gibt, der es schwer machen würde, dann wird es allzu leicht - es leicht zu machen"[28]

„Wirksamkeit als Schriftsteller"

Über seine „Wirksamkeit als Schriftsteller" und seine Freude am Produzieren schreibt Kierkegaard in seinem letzten Lebensjahr:

> „Schriftsteller zu sein, nun ja, das behagt mir; um ehrlich zu sein, muss ich wohl sagen, ich sei ins Produzieren verliebt (…) wie ein in sein Instrument verliebter Künstler sich mit diesem unterhält, ihr die Ausdrücke zu entlocken, die der Gedanke gerade fordert — o glückseliger Zeitvertreib! eine Ewigkeit hindurch konnte ich mich so beschäftigen, ohne müde zu werden."[29]

Nicht „eine Ewigkeit hindurch", sondern in nur 12 Jahren (1843-1855) schreibt Kierkegaard über 10.000 Seiten! Seine Schriften zerfallen in zwei Teile: philosophische Werke unter verschiedenen Pseudonymen und religiöse Reden unter eigenem Namen.

Warum gibt Kierkegaard seine philosophischen Schriften unter *Pseudonymen* heraus? Es liegt nahe anzunehmen, dass er dem zeitgenössischen, romantischen Modetrend folgt, durch geheimnisvolle Decknamen (wie z.B. *Victor Eremita* und *Johannes de Silentio*) Aufmerksamkeit zu erwecken und neue Leser anzuziehen. Ein interessanteres Motiv ist jedoch „die indirekte Mitteilung", wodurch Kierkegaard die Gelegenheit hat, in Prosa ein „Theaterstück" aufzuführen, in dem er unterschiedliche Menschentypen präsentiert und ihre Lebensanschauungen und Lebensführungen durchspielt, ohne seine eigene Anschauung zum Ausdruck zu bringen. Ohne Belehrung und ohne pädagogische Absicht wird es damit dem Leser überlassen, „seinen eigenen Weg zu gehen" und seine eigene, persönliche Wahrheit zu wählen.

> „Die indirekte Mitteilung macht das Mitteilen (…) zu einer Kunst. (…) Der Empfänger ist ein Existierender, und dies ist die Hauptsache. Einen Mann auf der Straße anzuhalten und stillzustehen, um mit ihm zu sprechen, ist nicht so schwierig, wie im Vorbeigehen einem Vorbeigehenden etwas sagen zu sollen, ohne selbst stillzustehen oder den anderen aufzuhalten, ohne

ihn bewegen zu wollen, denselben Weg zu gehen, sondern ihn gerade anzuspornen, seinen eigenen Weg zu gehen: und so ist gerade das Verhältnis von einem Existierenden zu einem Existierenden, wenn die Mitteilung die Wahrheit der Existenzinnerlichkeit betrifft"[30]

„Ich bin nämlich (...) ein Souffleur, der dichterisch Verfasser hervorgebracht hat, deren Vorwort wieder deren eigne Hervorbringung ist, ja deren Namen das sind. Es ist also in den pseudonymen Büchern nicht ein einziges Wort von mir selbst; ich habe keine Meinung über sie außer als dritter, kein Wissen um ihre Bedeutung außer als Leser, nicht das entfernteste private Verhältnis zu ihnen."[31]

Diese Kommunikationsstrategie bezeichnet Kierkegaard als eine besondere Art von „Betrug", den er von seinem großen Vorbild und Lehrmeister, Sokrates (469 - 399 v. Chr.), übernommen hat:

„Man kann einen Menschen um das Wahre betrügen, und man kann, um an Vater Sokrates zu erinnern, einen in das Wahre hinein betrügen. Ja, eigentlich kann man einen Menschen, der in einer Einbildung gefangen ist, nur auf eine einzige Weise in die Wahrheit hineinbringen: indem man ihn betrügt (...). Betrügen bedeutet (...), dass man nicht direkt mit dem anfängt, was man mitteilen will, sondern damit beginnt, die Einbildung des Andern für gute Ware zu nehmen"[32]

„Ohne Vollmacht aufmerksam zu machen auf das Religiöse, das Christliche, das ist die Kategorie für meine gesamte Wirksamkeit als Schriftsteller, als ein Ganzes betrachtet"[33]

Das Entscheidende ist für Kierkegaard also nicht seine eigene Meinung, sondern *die subjektive Aneignung* seiner Texte durch den Leser. Deshalb spricht Kierkegaard nicht von seinem schriftstellerischen „Werk", sondern von seiner schriftstellerischen „*Wirksamkeit*". Und diese „Wirksamkeit" besteht nicht darin, dem Leser mit fertigen Meinungen „aufzuwarten", sondern ihn mit einer Reihe von widersprüchlichen Meinungen „anzustrengen" und so herauszufordern, dass er die Möglichkeit bekommt, eine *persönliche Wahl* zu treffen.

„Deine Bequemlichkeit, nein, mein lieber Leser, die will ich nicht pflegen; bildest Du Dir ein, dass ich ein Aufwärter sei, so bist Du nie mein Leser gewesen; bist Du wirklich mein Leser, so wirst Du verstehen, dass ich es sogar für meine Pflicht gegen Dich halten kann, dass Du ein wenig angestrengt wirst (...)"[34]

Kierkegaard hat aber *seine* persönliche, philosophisch-religiöse Wahl getroffen. Er ist gegen jede spekulative Philosophie, die nach einer objektiven Wahrheit außerhalb des Menschen sucht. Die Wahrheit ist nach seiner Meinung eine subjektive, leidenschaftliche Angelegenheit. Gerade deshalb kritisiert er die idealistische Philosophie seiner Zeit. Er ist auch *gegen* das offizielle Christentum der dänischen Staatskirche und *für* das ursprüngliche, „wahre" Christentum.

Kierkegaards „Wirksamkeit als Schriftsteller" beginnt nach dem Bruch mit Regine und nach dem ersten Besuch in Berlin, wo er Friedrich Schellings Vorlesungen hört. Innerhalb von nur sieben Jahren (1843-1850) erscheinen die Hauptwerke *Entweder – Oder* (1843), *Die Wiederholung* (1843), *Furcht und Zittern* (1843), *Der Begriff der Angst* (1844), *Philosophische Brocken* (1844), *Stadien auf des Lebens Weg* (1845), *Abschließende unwissenschaftliche Nachschrift zu den Philosophischen*

Brocken (1846), *Die Taten der Liebe* (1847), *Christliche Reden* (1848), *Die Krankheit zum Tode* (1849) und *Einübung im Christentum* (1850).

Lebensanschauungen

Unter dem Begriff „Lebensanschauung" versteht man heutzutage eine Gesamtheit grundsätzlicher Meinungen und Werte basierend auf Erziehung, Erfahrung, Wissen und Empfinden, wodurch der Mensch sein Leben deutet.

Nach Kierkegaard hat jeder Mensch „ein natürliches Bedürfnis, sich eine Lebensanschauung zu bilden, eine Vorstellung von der Bedeutung des Lebens und seinem Ziel."[35] Eine Lebensanschauung zu wählen und danach zu leben ist in Kierkegaards Schriften ein zentrales und durchgehendes Thema. Es geht also nicht nur um die Lebens-*anschauung*, sondern auch um die daraus folgende Lebens-*führung*.

Nach Kierkegaard ist der Mensch ein zusammengesetztes Wesen:

> „Der Mensch ist eine Synthese des Seelischen und des Leiblichen. Aber eine Synthese ist undenkbar, wenn die Zwei sich nicht vereinen in einem Dritten. Dieses Dritte ist der Geist"[36]

Die beiden Teile der Synthese: *Seele* und *Leib* stehen in einer Wechselbeziehung zueinander, und dieser Wechselbeziehung wird sich der Mensch erst durch den *Geist* bewusst. Damit kann sich der Mensch zur Synthese *verhalten*, d.h. eine *Haltung* dazu haben.

> „Der Mensch ist Geist. Was aber ist Geist? Geist ist das Selbst. Aber was ist das Selbst? Das Selbst ist ein Verhältnis, das sich zu sich selbst verhält, oder ist das im Verhältnis, dass das Verhältnis sich zu sich selbst verhält; das Selbst ist nicht das Verhältnis, sondern dass das Verhältnis sich zu sich selbst verhält. Der Mensch ist eine Synthese von Unendlichkeit und Endlichkeit, von Zeitlichem und Ewigem, von Freiheit und Notwendigkeit, kurz eine Synthese"[37]

Der Mensch kämpft damit, beide Seiten der Synthese zusammenzuhalten. Wenn er nur die eine Seite anerkennt, entsteht im Selbst ein Missverhältnis, eine Spaltung und damit eine Verzweiflung.

In seinen beiden Hauptwerken *Entweder – Oder* (1843) und *Stadien auf dem Lebensweg* (1845) präsentiert Kierkegaard unterschiedliche Lebensanschauungen und die damit verbundenen Lebensführungen. In dem ersten Werk handelt es sich um zwei Anschauungen: die *ästhetische* und die *ethische*. In dem zweiten Werk wird eine dritte: die *religiöse* hinzugefügt, und die beiden ersten werden nuanciert.

Entweder - Oder (1843)

Der Durchbruch als Schriftsteller gelang Kierkegaard mit einem umfassenden Werk von etwa 800 Seiten. Es wurde unter dem lateinischen Pseudonym „Victor Eremita" (d.h. der siegende Einsiedler - oder der in Einsamkeit Siegende) herausgegeben. Ein unmittelbar rätselhafter Name. Wer „siegt" über wen? Und warum „in Einsamkeit"? Eine mögliche Antwort auf diese Fragen könnte die Folgende sein: Ein Mann hat sein natürliches Bedürfnis nach Kontakt mit anderen Menschen besiegt und ist darum Einsiedler geworden.

In dem schlagwortartigen Titel „Entweder – Oder" liegt eine Ablehnung des romantischen Traums einer allumfassenden, harmonischen Einheit des menschlichen Daseins und eine Mahnung daran, dass man zwischen unterschiedlichen Lebensanschauungen und Lebensführungen zu wählen habe. Es geht nicht um „die Wahl zwischen Gut und Böse", sondern um „Wählen oder Nichtwählen". Und diese Wahl ist „eine absolute Wahl."

Auf dem Titelblatt steht ein Motto des englischen Dichters Edward Young: „Ist denn die Vernunft allein getauft, sind die Leidenschaften Heiden?" Mit diesem Zitat wird schon auf der ersten Seite das Hauptanliegen des Buches deutlich gemacht: die Leidenschaften zu „taufen", d.h. sie als den Kern des Christentums anzuerkennen.

Im Vorwort beschreibt der fiktive Herausgeber, wie die von ihm herausgegebenen Schriften in seinen Besitz gekommen sind: Vor sieben Jahren hatte er bei einem Trödler in Kopenhagen einen gebrauchten, aber teuren Sekretär mit vielen Schubladen gesehen und ihn nach langer Bedenkzeit gekauft. Im Sommer 1836 wollte er einen achttägigen Ausflug machen. Sein Diener weckte ihn am frühen Morgen, aber mehr als eine Stunde nach der Ankunft des schon bestellten Postillons.

"Rasch war ich angezogen; schon stand ich in der Tür, da fällt mir ein: hast du auch genug Geld in deiner Brieftasche? Da fand ich nicht viel. Ich schließe den Sekretär auf, um meine Geldschublade herauszuziehen, und mitzunehmen, was das Haus vermag. Doch siehe da, die Schublade rührt sich nicht. Jedes Mittel ist vergebens. Es war so fatal wie nur möglich. Ausgerechnet in diesem Augenblick, da mein Ohr noch von den lockenden Tönen des Postillons widerhallte, auf solche Schwierigkeiten zu stoßen! Das Blut stieg mir zu Kopfe; ich wurde wütend. (…) Ein Handbeil wurde geholt. Damit versetzte ich dem Sekretär einen grauenerregenden Streich. Ob ich nun im meinem Zorn daneben schlug, oder ob die Schublade eben so starrsinnig war wie ich, die Wirkung war nicht die beabsichtigte. Die Schublade war zu und die Schublade blieb zu. Dagegen geschah etwas anderes. Ob mein Schlag gerade diesen Punkt getroffen hat, oder ob die totale Erschütterung in der gesamten Organisation des Sekretärs der Anlass gewesen ist, ich weiß es nicht, aber das weiß ich, das eine geheime Tür aufsprang, die ich nie zuvor bemerkt hatte. Diese verschloss ein Fach, das ich natürlich auch noch nicht entdeckt hatte. Hier fand ich zu meiner großen Überraschung eine Menge von Papieren, jene Papiere, die den Inhalt der vorliegenden Schrift ausmachen."[38]

Nach dem Vorwort folgt ein Werk in zwei Teilen: „Die Papiere von A" und „Die Papiere von B". Sie repräsentieren zwei gegensätzliche Lebensanschauungen und Lebensführungen. Zum Schluss wird in einer kurzen Rede bzw. Predigt eine dritte, religiöse Existenzmöglichkeit angedeutet.

Entweder – Oder. Erster Teil enthaltend die Papiere von A

Die Papiere von A enthalten verschiedene, kurze und witzige Texte in einer sinnlichen, aber eleganten Sprache und mit vielen begeisterten bzw. verzweifelten Ausrufen. Der Herausgeber weiß nicht, ob die Reihenfolge der von ihm gefundenen Papiere chronologisch oder zufällig ist, aber den Inhalt der Papiere bezeichnet er als „vielfältige *Anläufe* zu einer ästhetischen Lebensanschauung. Eine zusammenhängende ästhetische Lebensanschauung lässt sich wohl kaum vortragen." Die Ursache dafür ist wohl, dass der Ästhetiker in unzusammenhängenden Augenblicken lebt. Von den acht Kapiteln werden im Folgenden vier präsentiert und in Auszügen zitiert.

* *Diapsalmata*

Das Wort *Diapsalmata* ist griechisch und bedeutet „Zwischenspiele", hier kurze, sinnspruchartige Reflexionen über das leere und bedeutungslose Leben, die der Ästhetiker zwischen die Augenblicke sinnlicher Genüsse einschiebt. Hier folgen einige Kostproben:

> „Gar nichts mag ich. Ich mag nicht reiten, das ist eine zu starke Bewegung; ich mag nicht gehen, das ist zu anstrengend; ich mag mich nicht hinlegen, denn entweder müsste ich liegenbleiben, und das mag ich nicht, oder ich müsste wieder aufstehen, und das mag ich auch nicht. Summa summarum: gar nichts mag ich."

> „Von allen lächerlichen Dingen erscheint mir das Allerlächerlichste, es eilig zu haben auf der Welt, ein Mann zu sein, der rasch zum Essen und rasch zur Arbeit ist. Wenn ich darum sehe, wie sich einem solchen Geschäftsmann im entscheidenden Augenblick eine Fliege auf die Nase setzt, oder ein Wagen, der in noch größerer Eile an ihm vorbeifährt, ihn von oben bis unten bespritzt, oder die Zugbrücke vor ihm hochgeht, oder en Dachziegel herabfällt und ihn erschlägt, da lache ich aus Herzensgrund. Und wer könnte sich des Lachens wohl erwehren? Was richten sie schon aus, diese geschäftigen Eilighaber?"

> „Das Leben ist mir ein bitterer Trank geworden, und dabei soll es wie Tropfen eingenommen werden, langsam, mit Zählen."

> „Niemand kehrt von den Toten zurück, niemand ist anders denn weinend in die Welt eingegangen; niemand fragt einen, wann man hinein, wann man hinauswill."

> „Wenn ich morgens aufstehe, gehe ich gleich wieder ins Bett. Am wohlsten befinde ich mich am Abend, in dem Augenblick, da ich das Licht auslösche, die Decke über den Kopf ziehe. Noch einmal richte ich mich auf, sehe mich mit unbeschreiblicher Zufriedenheit im Zimmer um, dann gute Nacht, und unter die Decke!"

> „Rätselhaft sollte man nicht nur anderen sein, sondern auch sich selbst. Ich studiere mich selbst; wenn ich es müde bin, so rauche ich zum Zeitvertreib eine Zigarre und denke: weiß Gott, was der Herrgott eigentlich mit mir gewollt hat, oder was er noch aus mir herausbringen will."

> „Ein vollkommener Mensch zu sein, ist doch das Höchste. Nun habe ich Hühneraugen bekommen, das hilft doch immerhin schon etwas."

> „Wie ist das Leben so leer und bedeutungslos! – Man begräbt einen Menschen; man gibt ihm das Geleit, man wirft drei Spaten Erde auf ihn; man fährt hinaus in der Kutsche, man fährt heim in der Kutsche; man tröstet sich damit, dass noch ein langes Leben vor einem liege. Wie lange währen wohl 7 x 10 Jahre? Warum macht man es nicht auf einmal ab, warum bleibt

man nicht draußen und steigt mit hinunter ins Grab und zieht das Los, um zu bestimmen, wen das Unglück treffen soll, der letzte Lebende zu sein, der die letzten drei Spaten Erde auf den letzten Toten wirft?"

„In einem Theater geschah es, dass die Kulissen Feuer fingen. Hanswurst erschien, um das Publikum davon zu unterrichten. Man glaubte, es sei ein Witz, und applaudierte; er wiederholte es; man jubelte noch mehr. So, denke ich, wird die Welt zugrunde gehen unter dem allgemeinen Jubel witziger Köpfe, die da glauben, es sei ein „Witz"."[39]

Die unmittelbaren erotischen Stadien oder Das Musikalisch-Erotische

Die unmittelbare erotische Sinnlichkeit kann nur in der unmittelbarsten aller Kunstarten, der Musik, ausgedrückt werden. Als Beispiel wird Mozarts Oper *Don Juan* (1787) angeführt. Die Oper hatte am 5. Mai 1807 Premiere im Königlichen Theater in Kopenhagen und wurde in den folgenden 30 Jahren mehr als achtzigmal aufgeführt. Nach Aussage Kierkegaards hatte er in den letzten 10 Jahren (1829-1839) 10 von 28 Aufführungen besucht.

„So wie die Sinnlichkeit in *Don Juan* aufgefasst ist, nämlich - als Prinzip -, so ist sie in der Welt noch nie zuvor aufgefasst worden. (...) die Erotik ist hier Verführung. (...) *Don Juan* (...) ist von Grund aus ein Verführer. Seine Liebe ist nicht seelisch, sondern sinnlich, und sinnliche Liebe ist ihrem Begriffe nach nicht treu, sondern absolut treulos, sie liebt nicht eine, sondern alle, das heißt: sie verführt alle. Sie existiert nämlich nur im Moment, der Moment aber ist begrifflich gedacht eine Summe von Momenten, und damit haben wir den Verführer. Die ritterliche Liebe ist gleichfalls seelisch und daher ihrem Begriff zufolge wesentlich treu, nur die sinnliche ist ihrem Begriffe nach wesentlich treulos. Diese ihre Treulosigkeit zeigt sich aber auch noch auf andere Weise: sie wird nämlich immer nur eine Wiederholung sein.
(...) Von *Don Juan* muss man den Ausdruck Verführer mit großer Vorsicht gebrauchen (...); und zwar nicht deshalb, weil *Don Juan* zu gut ist, sondern weil er überhaupt nicht unter ethischen Bestimmungen fällt. Ich möchte ihn daher lieber einen Betrüger nennen, weil darin doch immerhin etwas mehr Zweideutiges liegt. Um Verführer zu sein, bedarf es stets einer gewissen Reflexion und Bewusstheit (...). An dieser Bewusstheit fehlt es *Don Juan*. Er verführt daher nicht. Er begehrt, und diese Begierde wirkt verführend; insofern verführt er. Er genießt die Befriedigung der Begierde; sobald er sie genossen hat, sucht er einen neuen Gegenstand, und so fort ins Unendliche. Daher betrügt er zwar, aber doch nicht so, dass er seinen Betrug im Voraus plante; es ist vielmehr die eigene Macht der Sinnlichkeit, welche die Verführten betrügt. (...) Er begehrt und fährt beständig fort zu begehren und genießt beständig die Befriedigung der Begierde. Zum Verführer fehlt ihm die Zeit davor, in der er seinen Plan fasst, und die Zeit danach, in der er sich seiner Handlung bewusst wird. (...)
An kluger Besonnenheit mangelt es ihm; sein Leben schäumt wie der Wein, an dem er sich stärkt, sein Leben ist bewegt wie die Töne, die sein fröhliches Mahl begleiten, immer triumphiert er. Er bedarf keiner Vorbereitung, keines Planes, keiner Zeit; denn er ist immer fertig, weil nämlich die Kraft stets in ihm ist, wie die Begierde, und nur wenn er begehrt, ist er recht so in seinem Element. (...)
Dieser Kraft Don Juans, dieser Allmacht, diesem Leben kann nur die Musik Ausdruck verleihen (...). Durch das hier Entwickelte ist der Gedanke somit wieder auf das hingelenkt, was den eigentlichen Gegenstand der Untersuchung bildet, auf *Don Juans* absolute Musikalität. Er begehrt sinnlich, er verführt durch die dämonische Macht der Sinnlichkeit, er verführt alle. Das Wort, die Replik kommt ihm nicht zu, damit würde er sofort zu einem reflektierenden In-

dividuum. Er hat somit überhaupt kein Bestehen, sondern hastet in ewigem Verschwinden dahin, geradeso wie die Musik, von der es gilt, dass sie vorbei ist, sobald sie aufgehört hat zu tönen, und nur wieder entsteht, indem sie abermals ertönt. (…) Höre *Don Juan*, das heißt, kannst du durchs Hören keine Vorstellung von *Don Juan* bekommen, so kannst du's nie. Höre seines Lebens Beginn; wie der Blitz aus dem Dunkel der Wetterwolke sich löst, so bricht er hervor aus der Tiefe des Ernstes, schneller als die Geschwindigkeit des Blitzes, , unsteter als dieser und doch ebenso taktfest; höre, wie er sich in die Mannigfaltigkeit des Lebens hinabstürzt, wie er an dessen festem Damm sich bricht, höre diese leichten tanzenden Geigentöne, höre den Wink der Freude, höre den Jubel der Lust, höre des Genusses festliche Seligkeit; höre seine wilde Flucht, an sich selbst eilt er vorüber, immer schneller, immer unaufhaltsamer, höre der Leidenschaft zügelloses Begehren, höre das Rauschen der Liebe, höre das Raunen der Versuchung, höre den Wirbel der Verführung, höre des Augenblicks Stille – höre, höre, höre *Mozarts Don Juan!*"[40]

* Wechselwirkschaft. Versuch einer sozialen Klugheitslehre

„Wechselwirtschaft" ist ein Begriff aus der Agrarwissenschaft und bezeichnet ein Bodennutzungssystem, bei dem man dafür sorgt, nicht mehrere Jahre hintereinander dieselben Feldfrüchte auf derselben Fläche anzubauen. Auf diese Weise wird die Ertragsfähigkeit des Ackerbodens erhalten. Dieses Prinzip des ständigen Wechsels, um größtmögliche Gewinne zu erzielen, wird hier vom Verfasser auf das Menschenleben übertragen. Nur durch ständige Veränderungen vermeidet man die Langeweile der Wiederholung. Deshalb warnt er vor der Gefahr der Freundschaft, der Ehe und der Berufsarbeit. Abwechslung macht Freude! Aber um diese Fähigkeit zur ständigen Veränderung und Erneuerung zu erhalten, muss man alles außerhalb des Augenblicks vergessen und sein Leben inszenieren; „die Klugheit lehrt, den Augenblick zu ergreifen".

„Schon die Freundschaft ist gefährlich, die Ehe ist es noch mehr; denn das Weib ist und bleibt der Ruin des Mannes, sobald man ein dauerndes Verhältnis zu ihr eingeht. Nimm einen jungen Menschen, feurig wie ein arabisches Pferd, lass ihn heiraten, er ist verloren (…).

Wenn zwei Menschen sich ineinander verlieben und ahnen, dass sie füreinander bestimmt sind, so gilt es, den Mut zum Abbrechen zu haben; denn damit, dass man fortfährt, ist nur alles zu verlieren und nichts zu gewinnen. Das scheint ein Paradox und ist es auch für das Gefühl, nicht aber für den Verstand. (…)

Man unterziehe sich niemals einer *Berufsarbeit*. Tut man das, so wird man schlecht und recht ein Dutzendmensch, auch nur ein winziges Zäpfchen in der Maschine des Staatsorganismus; man hört auf, selber der Herr des Betriebs zu sein (…).

Wie man nun, gemäß der sozialen Klugheitslehre, bis zu einem gewissen Grad den Boden variiert (…) so muss man auch beständig sich selbst variieren, und das ist eigentlich das Geheimnis. Zu dem Ende muss man notwendig die Stimmungen in seiner Gewalt haben. Sie in dem Sinne in der Gewalt zu haben, dass man sie beliebig erzeugen könnte, ist eine Unmöglichkeit; aber die Klugheit lehrt, den Augenblick zu nutzen. (…)

In der Willkür liegt das ganze Geheimnis. Man meint, es sei keine Kunst, willkürlich zu sein, und doch gehört ein tiefes Studium dazu, um auf die Weise willkürlich zu sein, dass man sich nicht selbst darin verläuft, dass man selbst Vergnügen daran hat. Man genießt nicht unmittelbar, sondern etwas ganz anderes, was man selbst willkürlich hineinlegt. Man sieht sich die Mitte eines Theaterstücks an, liest den dritten Teil eines Buches. So wird einem ein ganz anderer Genuss zuteil, als ihn der Verfasser einem gütigst zugedacht hat."[41]

Das Tagebuch des Verführers

Das Tagebuch des Verführers ist der letzte Teil der Papiere von A. Das Thema ist die Psychologie der Verführung. Der Name des Verführers, *Johannes*, knüpft unmittelbar an *Don Juan* an. Aber die Strategien der beiden Verführer sind unterschiedlich: *Don Juan* ist spontan und unreflektiert, er konzentriert sich nur auf das Ziel seiner Verführung. Johannes dagegen ist ein wohl überlegter, reflektierter Ästhetiker. Er denkt sich einen genauen Verführungsplan aus und genießt dessen Ausführung. Es ist ihm „durchaus gar nicht darum zu tun, das Mädchen in äußerlichem Sinne zu besitzen, sondern, sie künstlerisch zu genießen." Er konzentriert sich mehr auf den Prozess als auf das Ziel und hat in allen Einzelheiten geplant, vom April bis September die tugendhafte und schon verlobte *Cordelia* zu verführen.

> „Der Frühling ist doch die schönste Zeit, sich zu verlieben, der Nachsommer die schönste Zeit, am Ziel seiner Wünsche zu sein. Es liegt im Nachsommer eine Wehmut, die ganz jener Regung entspricht, mit welcher der Gedanke an die Erfüllung eines Wunsches uns durchströmt"[42]

Johannes' Strategie ist, zuerst Cordelias Interesse zu wecken, danach ihre sexuelle Lust zu reizen und zuletzt sie zu erobern. Danach will er so schnell wie möglich nach neuen Abenteuern suchen. Über den Genuss der raffinierten Verführung macht er sich folgende Gedanken:

> „Man muss sich beschränken, das ist eine Hauptbedingung allen Genusses. Es hat nicht den Anschein, als würde ich so bald eine Aufklärung erhalten über das Mädchen, das meine Seele und all mein Denken so ganz erfüllt, dass die Sehnsucht genährt wird. Ich will mich jetzt ganz ruhig verhalten; denn auch dieser Zustand, die dunkle und unbestimmte, aber doch starke Rührung, hat seine Süße."[43]

Die Frau ist ihm nicht ein Ziel unmittelbarer, sinnlicher Begierde, sondern ein Gegenstand interessanter Studien:

> „Das Weib ist und bleibt mir doch ein unerschöpflicher Stoff für Überlegungen, ein ewiger Überfluss für Beobachtungen. Ein Mensch, der keinen Drang zu diesem Studium verspürt, er mag meinetwegen sonst sein in der Welt, was er will, eines ist er nicht, er ist kein Ästhetiker. Das eben ist das Herrliche, das Göttliche an der Ästhetik, dass sie nur zum Schönen in Beziehung tritt;"[44]

Als Johannes Cordelia endgültig erobert hat, ist der Ton ganz anders:

> „Warum kann eine solche Nacht nicht länger währen? (...) Doch nun ist es vorbei, und ich wünsche sie nie mehr zu sehen. Wenn ein Mädchen alles hingegeben hat, so ist sie schwach, so hat sie alles verloren; (...) Jetzt ist aller Widerstand unmöglich, und nur solange der da ist, ist es schön zu lieben, sobald er aufgehört hat, ist es Schwäche und Gewohnheit. Ich wünsche

mich nicht an mein Verhältnis zu ihr zu erinnern; sie hat den Duft verloren, (...). Ich habe sie geliebt; doch von nun an kann sie meine Seele nicht mehr beschäftigen (...)."[45]

Aber sein zynisches Spiel ist noch nicht vorbei. Zuletzt stellt er folgende Überlegung an:

> „Es wäre doch wirklich wissenswert, ob man etwa nicht imstande wäre, sich derart aus einem Mädchen heraus zu dichten, dass man sie so stolz machte, dass sie sich einbildete, sie selbst sei des Verhältnisses überdrüssig. Das könnte ein recht interessantes Nachspiel geben, das an sich psychologisches Interesse hätte, das an und für sich selber psychologisches Interesse hätte und nebenbei einen mit manchen erotischen Beobachtungen bereichern könnte."[46]

Die in *Diapsalmata* behauptete und von der *Wechselwirtschaft* mit ständigen Veränderungen ausgefüllte Leere des Lebens wird im *Tagebuch des Verführers* durch eine gänzlich ästhetische Lebensanschauung ersetzt, bei der es darum geht, seine selbstinszenierte Wirklichkeit und seine eigenen Gefühle zu genießen. Johannes ist ein geborener Ästhetiker. Seine Leidenschaft gilt nicht einer konkreten Frau in der wirklichen Welt. Sein Ziel ist nicht die innige Hingabe an einen anderen Menschen, sondern das Gefühl sinnlicher Lust. Und diese Lust wird nur in der inszenierten, erotisch reizenden Situation des Augenblicks erweckt. Er reagiert doch nie unmittelbar sinnlich auf diese Reizung, spielt nur mit ihr, denkt über sie nach und entwickelt die ganze Zeit neue, ausgeklügelte Strategien dafür, wie er sein Leben inszenieren kann, um den größtmöglichen, unverbindlichen Genuss zu erzielen. Sein Lebensprojekt ist, sein Leben selbst zu gestalten. Die Verführung ist nur eine interessante Möglichkeit, mit neugieriger Aufmerksamkeit sich selbst zu beobachten und danach darüber zu reflektieren. Er ist nicht in Cordelia, sondern in das Verliebtsein verliebt.

Das Spiel zwischen dem reflektierten Johannes und der unmittelbaren Cordelia spiegelt auf mancherlei Art das Verhältnis zwischen Kierkegaard und Regine wider (NB: Regines Schwester hieß Cornelia). Kierkegaard war durch und durch reflektiert und eine Zeit lang vielleicht manipulierend. Seine „Reflexionskrankheit" wurde ein unüberwindliches Hindernis dafür, sich Regine hinzugeben und das Verhältnis zu realisieren. Sowohl Johannes als auch Kierkegaard machen sich Gedanken darüber, „ob man sich so aus einem Mädchen heraus dichten kann, dass sie sich stolz einbildete, sie habe das Verhältnis gelöst, weil sie desselben überdrüssig geworden sei."

Diese Parallele zwischen Johannes dem Verführer und Kierkegaard hat man schon bei Erscheinen des Buches gezogen. Und deshalb wurde *Das Tagebuch des Verführers* scharf kritisiert.

Entweder – Oder. Zweiter Teil enthaltend die Papiere von B, Briefe an A

B nennt sich Wilhelm und ist Gerichtsrat. Seine Papiere enthalten zwei lange, kritische Briefe an A und eine abschließende, kurze Rede. Wilhelms Briefe drücken eine *ethische* Lebensanschauung aus: Mitmenschlichkeit, Pflicht und Verantwortung. Deshalb sind die Papiere in Reihenfolge geordnet, und die Sprache ist oft pedantisch und moralisierend.

---

* Die ästhetische Gültigkeit der Ehe

Der Ethiker B (Wilhelm) charakterisiert die ständige Suche des Ästhetikers A nach Lust und Genuss als einen großen Selbstbetrug. Das Leben des Ästhetikers sei oberflächlich und verantwortungslos. Die Alternative des Ethikers ist die Ehe, in der die wechselseitige und verantwortliche Hingabe von Mann und Frau weit über die Lust des Augenblicks hinausgeht. Das entscheidende Element der ehelichen Liebe ist die Pflicht: nicht eine saure Pflicht ohne Lustgefühl, sondern eine erhabene Lust von der Gemütslage des Augenblicks unbeeinflusst.

Über die Lebensweise des Ästhetikers schreibt der Ethiker:

„Wenn das Genießen die Hauptsache im Leben wäre, so würde ich mich Dir zu Füßen setzten, um zu lernen; denn darin bist Du Meister. Bald kannst Du Dich zu einem Greise machen, um durch den Trichter der Erinnerung das Erlebte in langsamen Zügen einzusaugen, bald bist Du in der ersten Jugend, von Hoffnung erglüht, bald genießt Du männlich, bald weiblich, bald unmittelbar, bald die Reflexion über den Genuss, bald die Reflexion über anderer Genuss, bald die Enthaltung vom Genuss; bald gibst Du Dich hin, Dein Sinn ist offen, zugänglich wie eine Stadt, die kapituliert hat, die Reflexion ist verstummt, und jeder Schritt der Fremden hallt in den leeren Straßen wider, und doch bleibt immer ein beobachtender kleiner Außenposten zurück; bald verschließt sich Dein Sinn, Du verschanzt Dich, unzugänglich und starr. So verhält es sich, und zugleich wirst Du sehen, wie egoistisch Dein Genuss ist und dass Du Dich niemals hingibst, niemals andere Dich genießen lässt."[47]

Über die Ehe schreibt der Ethiker:

„Das Substantielle in der Ehe ist die Liebe; welches aber ist das Erste, ist die Liebe das Erste, oder ist es die Ehe, so dass die Liebe sukzessive hinterherkäme? (...). Diese ganze Betrachtungsweise ist so borniert, dass ich sie nur (...) angedeutet habe und um zugleich an das Viele zu erinnern, das Du in dieser Beziehung preisgegeben hast. Die Liebe ist also das Erste. Aber die Liebe ist wiederum, wie im Vorhergehenden angedeutet wurde, von so zarter Natur und, obgleich Natur, so unnatürlich und verzärtelt, dass sie es gar nicht ertragen kann, mit der Wirklichkeit in Berührung zu kommen. (...) Hier scheint nun die Verlobung ihre Bedeutung zu bekommen. Sie ist eine Liebe, die keine Wirklichkeit hat, die bloß von dem Zuckerbrot der süßen Möglichkeit lebt. Das Verhältnis hat nicht die Realität der Wirklichkeit (...).
Die Ehe soll also die Liebe nicht hervorrufen, vielmehr sie setzt sie voraus, setzt sie jedoch nicht voraus als ein Vergangenes, sondern als ein Gegenwärtiges. Aber die Ehe trägt ein ethisches und religiöses Moment in sich, das tut die Liebe nicht; die Ehe ist deshalb auf Resignation gegründet, das ist die Liebe nicht."[48]

„Die eheliche Liebe (...) ist treu, beständig, demütig, geduldig, langmütig, nachsichtig, aufrichtig, genügsam, wachsam, achtsam, willig, fröhlich. (...) Die eheliche Liebe ist daher, wie Du sie oft spöttisch genannt hast, die alltägliche und zugleich die göttliche (...) und ist die göttliche dadurch, dass sie die alltägliche ist."[49]

* *Das Gleichgewicht zwischen dem Ästhetischen und dem Ethischen in der Herausarbeitung der Persönlichkeit*

Der Ethiker schreibt an den Ästhetiker, das Entscheidende im Leben sei, entschlossen die Wahl zu treffen, sich selbst als denjenigen, der man ist, wählen zu wollen und danach die Konsequenzen der Wahl zu tragen. Über die Wahl schreibt er:

„MEIN FREUND! Was ich Dir schon so oft gesagt habe, ich sage es noch einmal, oder besser, ich rufe es Dir zu: entweder – oder; (…) es gibt aber auch Menschen, deren Seele zu dissolut ist, um zu begreifen, was in solch einem Dilemma liegt, deren Persönlichkeit es an Energie fehlt, um mit Pathos sagen zu können: entweder – oder. Auf mich haben diese Worte von jeher einen starken Eindruck gemacht und tun es noch (…). Ich denke an eine frühe Jugend zurück, da ich, ohne recht zu begreifen, was es heißt, im Leben zu wählen, mit kindlichem Vertrauen auf die Reden der Älteren hörte, und der Augenblick der Wahl mir feierlich und ehrwürdig wurde, obwohl ich im Wählen nur der Anweisung eines andern folgte. Ich denke an die Augenblicke in einem späteren Leben, da ich am Scheideweg stand, da meine Seele in der Stunde der Entscheidung zur Reife kam. Ich denke an die vielen weniger wichtigen, für mich aber nicht gleichgültigen Fälle im Leben, da es zu wählen galt."[50]

Über den Unterschied zwischen einer ästhetischen und einer ethischen Wahl schreibt der Ethiker:

„Deine Wahl ist eine ästhetische Wahl; eine ästhetische Wahl aber ist keine Wahl. Überhaupt ist Wählen ein eigentlicher und stringenter Ausdruck für das Ethische. (…) Die ästhetische Wahl ist entweder völlig unmittelbar und insofern keine Wahl, oder sie verliert sich in der Mannigfaltigkeit. Wenn etwa ein junges Mädchen der Wahl ihres Herzens folgt, so ist diese Wahl, wie schön sie im Übrigen auch sei, in strengerem Sinne keine Wahl, da sie völlig unmittelbar ist. (…) Die ethische Wahl ist daher in gewissem Sinne viel leichter, viel einfacher, in anderem Sinne aber ist sie unendlich viel schwerer. Wer sich seine Lebensaufgabe ethisch bestimmen will, hat im Allgemeinen keine so bedeutende Auswahl; dagegen hat der Akt der Wahl für ihn weit mehr zu bedeuten. Wenn Du mich also verstehen willst, so darf ich immerhin sagen, dass es beim Wählen nicht so sehr darauf ankommt, das Richtige zu wählen, als auf die Energie, den Ernst und das Pathos, womit man wählt. (…) Indem nämlich die Wahl mit der ganzen Inbrunst der Persönlichkeit vorgenommen worden ist, ist sein Wesen geläutert und er selbst in ein unmittelbares Verhältnis zu der ewigen Macht gebracht, die das ganze Dasein allgegenwärtig durchdringt."[51]

Über die „Realität des Wählens" schreibt er weiter:

„Was also durch mein Entweder – Oder in Erscheinung tritt, ist das Ethische. Es ist darum noch nicht die Rede von einer Wahl von etwas, nicht die Rede von der Realität des Gewählten, sondern von der Realität des Wählens. (…) wenn ein Mensch wählt, so verleiht das seinem Wesen eine Feierlichkeit, eine stille Würde, die sich nie ganz verliert. (…) Wie ein Erbe, und wäre er auch Erbe aller Schätze der Welt, sie doch nicht besitzt, bevor er mündig geworden ist, so ist selbst die reichste Persönlichkeit nichts, bevor sie sich selbst gewählt hat, und andererseits ist selbst das, was man die ärmste Persönlichkeit nennen müsste, alles, wenn sie sich selbst gewählt hat; denn das Große ist nicht, dieses oder jenes zu sein, sondern man selbst zu sein; und das kann ein jeder Mensch, wenn er es will."[52]

* Ultimatum

Nach den Papieren des Ästhetikers A und des Ethikers B folgt eine kurze, religiöse Rede (oder Predigt) in einer einfachen, aber ausdrucksvollen Sprache. Das Thema ist der „erbauliche" Gedanke: „Vor Gott haben wir immer unrecht." Vom ethischen Stadium aus deutet der Text auf das religiöse Stadium hin, wo die Leidenschaft des Glaubens alle Zweifel und Sorgen des Menschen beseitigt:

> „So ist also dies, dass wir gegen Gott immer unrecht haben, ein erbaulicher Gedanke; es ist erbaulich, dass wir unrecht haben, erbaulich, dass wir es immer haben. Er erweist seine erbauende Kraft auf zwiefache Weise, teils dadurch, dass er dem Zweifel Einhalt tut und den Kummer des Zweifels besänftigt, teils dadurch, dass er zum Handeln ermutigt."[53]

> „Gegen Gott haben wir also immer unrecht. Aber ist dieser Gedanke nicht betäubend, ist er, wie erbaulich er auch sein mag, nicht gefährlich für einen Menschen, lullt er ihn in einen Schlaf, in dem er von einem Verhältnis zu Gott träumt, das doch kein wirkliches Verhältnis ist, verzehrt er nicht die Kraft des Willens und die Stärke des Vorsatzes? Mitnichten! (...) denn was drückt er anders aus, als dass Gottes Liebe immer größer ist als unsere Liebe?"[54]

Fassen wir zusammen:

Der Ästhetiker ist ewig auf der Suche nach dem unmittelbaren, sinnlichen *Genuss* des Augenblicks. Er lebt nur in den Tag hinein und meidet jede verbindliche Zugehörigkeit zu anderen Menschen. Dadurch wird sein Leben ohne Zusammenhang und Sinn, geprägt von *Verzweiflung* und *Angst*.

Der Ethiker will seine moralische *Pflicht* tun und das Allgemeine (z.B. die Ehe) realisieren. Dadurch erlebt er *Zusammenhang* und *Sinn* in seinem Leben. Der Weg aus der Angst des Ästhetikers ist, sich selbst als denjenigen, der er ist, zu wählen und die volle *Verantwortung* für sein Leben zu übernehmen.

Unmittelbar wäre man wohl der Meinung, diese beiden Lebensanschauungen gehörten zwei verschiedenen Menschen an. Aber in seinem Vorwort schreibt der Herausgeber:

> „Bei der fortwährenden Beschäftigung mit diesen Papieren ging mir ein Licht darüber auf, dass man ihnen eine neue Seite abgewinnen könnte, wenn man sie als *einem* Menschen zugehörig betrachtete. (...) Es wäre also ein Mensch, der in seinem Leben beide Bewegungen durchlaufen oder beide Bewegungen überdacht hätte"[55]

Stadien auf des Lebens Weg (1845)

In diesem Werk – am 30. April unter dem Pseudonym „Hilarius Buchbinder" herausgegeben – werden in literarischer Form die drei Existenzmöglichkeiten oder „Existenzsphären" erläutert:

> "Es gibt drei Existenzsphären: die ästhetische, die ethische und die religiöse. (...) Die ästhetische Sphäre ist die der Unmittelbarkeit, die ethische ist die der Forderung (und diese Forderung ist so unendlich, dass der einzelne stets Bankrott macht), die religiöse Sphäre ist die der Erfüllung (...)."[56]

„Stadium" bedeutet bei Kierkegaard nicht - wie heute - „Entwicklungsstufe", sondern „Standpunkt", eine gewählte Lebensanschauung und daraus folgende Lebensführung. Als eine Widerspiegelung der „drei Existenzsphären" ist das Werk in drei Teile gegliedert: *In vino veritas, Verschiedenes über die Ehe gegen Einwände* und *„Schuldig? - Nicht schuldig?" Eine Leidensgeschichte.*

Im ersten Teil *In vino veritas [Im Wein (ist) die Wahrheit]* werden fünf unterschiedliche Folgen einer ästhetischen Lebensanschauung beschrieben. Bei einer Festmahlzeit beschließen fünf Männer, nach dem Essen – aber immer noch von der „Macht des Weins" beeinflusst – fünf Reden über das Verhältnis zwischen Mann und Frau zu halten.

(1) *Der junge Mensch* ist ein Verstandesmensch ohne erotische Erfahrungen. Er betrachtet das Verhältnis zwischen Mann und Frau als einen komischen Betrug: Von außen sieht es schön aus, aber es tötet die Individualität. Darum hat er „aller Liebe entsagt". Er *spricht* sehr gern über die Liebe, aber er will sie *nicht realisieren*. Er wählt das *Denken* („mein Gedanke ist mir alles.").

(2) *Constantin Constantius* ist auch ein Verstandesmensch, aber *mit* erotischen Erfahrungen. Er kann aber die Frau nicht ernst nehmen, weil sie nur zum „Spaß" ist und deswegen den Mann von seinem idealen Streben ablenkt.

(3) *Victor Eremita* ist im Gegensatz zu den beiden vorhergehenden Verstandesmenschen ein romantischer Künstler. Er betrachtet die Frau als ein erhabenes Wesen, das den Mann inspirieren und seine hohen Ideale erwecken kann. Aber diese Erweckung geschieht nur, wenn der Mann sie *nicht* bekommt.

> „Durch die Frau kommt die Idealität ins Leben; was ist der Mann ohne sie? Manch ein Mann ist durch ein Mädchen Genie geworden, mancher ein Mann ist durch ein Mädchen Held geworden; manch ein Mann ist durch ein Mädchen Dichter geworden, manch ein Mann ist durch ein Mädchen Heiliger geworden; - aber er wurde nicht Genie durch das Mädchen, das er bekam; denn durch sie wurde er nur Etatsrat. Er wurde nicht Held durch das Mädchen, das er bekam; denn durch sie wurde er nur General. Er wurde nicht Dichter durch das Mädchen, das er bekam; denn durch sie wurde er nur Vater. Er wurde nicht Heiliger durch das Mädchen, das er bekam; denn er bekam gar keines und wollte nur eine einzige haben, die er nicht bekam, ebenso wie jeder von den anderen Genie wurde, Held wurde, Dichter wurde mit Hilfe des Mädchens, das sie nicht bekamen (…)."[57]

(4) *Der Modehändler* ist ein Zyniker, der sich nur auf Inszenierung und Verführung konzentriert. Er macht die Frau zum Gegenstand seiner Lust und verachtet ihre Eitelkeit und ihre Abhängigkeit von der Mode. „Die Mode ist ein Weib, denn die Mode ist Unbeständigkeit im Nonsens, die nur eine Konsequenz kennt, dass sie immer verrückter wird."

(5) *Johannes der Verführer* ist ein geborener Ästhetiker. Er liebt die Frau – oder eher: Er liebt das Verliebtsein in sie. Sie soll seinen Genuss erwecken und ist nur eine unter vielen anderen. Deshalb will er sich nicht an *eine* Frau binden.

Im zweiten Teil *Verschiedenes über die Ehe gegen Einwände* verteidigt der Ethiker Wilhelm (aus *Entweder - Oder*) die Ehe gegen die Einwände, die im ersten Teil erhoben wurden. Für den Ethiker sind die wichtigsten Tugenden des Menschenlebens *Pflicht* und *Verantwortung*, und sie entfalten sich besonders in der Ehe, die für das Paarverhältnis und die erotische Liebe eine notwendige Voraussetzung ist. Die einzige Forderung ist der *Glaube* an die Ehe. Die Liebe ist ein unmittelbarer Zustand, die Ehe eine freie, idealisierende Entscheidung.

Der dritte Teil „*Schuldig? - Nicht schuldig?*" ist eine sogenannte Leidensgeschichte über eine unglückliche Verlobung in der Form eines Tagebuches und unter dem Pseudonym „Frater Taciturnus" (dem schweigsamen Bruder) herausgegeben. Der egozentrische und schwermütige Ästhetiker Quidam (‚irgendjemand') notiert seine Gedanken über seine frühere Verlobung mit einer unmittelbaren, lebensfrohen Frau und analysiert seine Motive, das Verhältnis abzubrechen. „Mein Entschluss ist, in Treue gegen sie, der Idee und meiner geistigen Existenz treu zu bleiben mit äußerster Kraft (…), es ist der Geist, der lebendig macht".

Die Parallele zu Kierkegaards Bruch mit Regine ist offensichtlich, und wie Kierkegaard bewegt sich Quidam durch Besorgnis, Leiden und Schuldbewusstsein in Richtung des religiösen Stadiums, ohne doch die Grenze überschreiten zu können.

In einem Schreiben an den Leser analysiert und kommentiert der Herausgeber die unglückliche Liebe. Seine Schlussfolgerung ist, dass Quidam die Liebe aufgegeben hat, weil die Unmittelbarkeit vorbei ist. Seine ständigen Reflexionen wirken hemmend auf die freie Entfaltung der Leidenschaft. Das daraus folgende Leiden führt nach der Meinung des Herausgebers in "das Religiöse" hinüber.

Ein Jahr nach Veröffentlichung der drei „Stadien auf dem Lebensweg" führt Kierkegaard zwei „Zwischenstadien" oder „Übergangsstadien" ein: die *Ironie* zwischen dem Ästhetischen und dem Ethischen und den *Humor* zwischen dem Ethischen und dem Religiösen. Außerdem führt er die neue Kategorie des *Spießbürgers* ein. Und er differenziert die Religiosität in *Religiosität A und B*.

Ab 1846 sehen Kierkegaards „Stadien" so aus:

0. Der Spießbürger
Der Spießbürger ist ein konformer und geistloser Kleinbürger, der sich nur mit seinen materiellen Bedürfnissen und Interessen beschäftigt. Er lebt geradeaus: unmittelbar, einfältig und unreflektiert in Übereinstimmung mit der Tradition. Er ist ein Mitläufer ohne persönliches Engagement. Da er seine Existenz nicht leidenschaftlich gewählt hat, befindet er sich eigentlich nicht in einem „Stadium", sondern eher auf einem Nullpunkt.

1. Der Ästhetiker
Der Ästhetiker ist ein Spießbürger, dessen Bewusstsein erwacht ist. Er erkennt die Leere und die Bedeutungslosigkeit des Lebens, ist aber ständig auf der Suche nach dem unmittelbaren, sinnlichen *Genuss des Augenblicks*. Er wählt *Verführungen* und *Liebschaften* statt der treuen Liebe in der Ehe. Sein Leben ist ohne verbindliche Zugehörigkeit zu anderen Menschen und eben deshalb ohne Tiefe, Zusammenhang und Sinn, sondern von *Oberflächlichkeit, Verzweiflung* und *Angst* geprägt.

1.1. Der Ironiker

Der Ironiker ist ein verzweifelter Ästhetiker, der den Widerspruch zwischen den „Einzelheiten der Endlichkeit" und „der unendlichen, ethischen Forderung" erkennt und sich von seiner ästhetischen Lebensanschauung distanziert. In dieser Weise erreicht er ein Übergangsstadium, von dem aus er versucht, seine Verzweiflung zu überwinden. Er hat noch nicht den Wunsch, sein Leben als eine Aufgabe zu wählen. Aber vielleicht will er, wenn seine Angst größer wird, leidenschaftlich einen „Sprung" in das zweite, ethische Stadium machen.

2. Der Ethiker

Der Ethiker hat seine ironische Lebensanschauung überwunden und *wählt* leidenschaftlich sein Leben als eine Aufgabe. Er will seine moralische *Pflicht* tun und das Allgemeine (z.B. die Ehe) realisieren. Dadurch übernimmt er die volle *Verantwortung* für sein Leben. Aber Pflicht und Verantwortung belasten den Ethiker. Deshalb wird er von der Angst ergriffen und vermisst einen höheren Sinn in seinem Leben, eine Beziehung zur Ewigkeit, eine religiöse Dimension.

2.1. Der Humorist

Der Humorist betrachtet sein Leben als sinnlos im Hinblick auf die Ewigkeit. Er erkennt immer wieder das Tragikomische seines Lebens im Vergleich mit dem Glauben an eine höhere Wirklichkeit. Durch diese Erkenntnis nähert er sich dem religiösen Stadium, hält aber (mit einer gewissen Melancholie) an der Vernunft fest. Das humoristische Übergangsstadium ist das letzte Stadium, von dem aus der Ethiker einen „Sprung" in das dritte, religiöse Stadium vollziehen kann.

3. Der Religiöse

Der ethisch-religiöse Mensch leidet sehr unter der Disharmonie zwischen dem Ewigen und dem Endlichen, dem Göttlichen und dem Menschlichen. In diesem Leiden gibt er seinen Verstand auf und wählt in subjektiver Innerlichkeit den *Glauben* (die „innere Gewissheit") in einer von zwei Formen:

3.1. Die Religiosität A

Die Religiosität A ist die unpersönliche, ethische Religiosität des allgemeinen Bürgers, der sich unmittelbar zum traditionellen und offiziellen Christentum der Staatskirche bekennt. Diese Religiosität ist aber nicht die wahre christliche Religiosität.

3.2. Die Religiosität B

Die Religiosität B ist die persönliche, leidenschaftliche und „paradoxe" Religiosität des radikalen Christen, der das Paradox erkannt hat, dass Gott in Jesus Mensch wurde, am Kreuz starb und von den Toten auferstand, um den Menschen zu erlösen. Dieses Paradox ist das ursprüngliche, wahre Christentum. „Die Religiosität A muss zuerst im Individuum vorhanden sein, ehe davon die Rede sein kann, aufmerksam zu werden auf das Christliche im Vollsinn (…). In der Religiosität B ist das Erbauliche ein Etwas außerhalb des Individuums; das Individuum findet die Erbauung nicht dadurch, dass es das Gottesverhältnis in sich findet, sondern verhält sich zu etwas außerhalb seiner selbst, um Erbauung zu finden."

Wie schon erwähnt sind diese „Stadien auf dem Lebensweg" nicht eine aufwärts führende „Treppe" eines Entwicklungsprozesses. Für einige Menschen wäre eine solche stufenweise Bewegung durch alle Stadien bis zur Religiosität B wohl möglich, aber meistens befindet sich jeder einzelne Mensch in *einem* der Stadien und wird vielleicht eine Erkenntnis gewinnen, die dazu führt, dass er eine persönliche *Wahl* trifft und einen "Sprung" in ein neues Stadium macht.

Die Möglichkeit des Glaubens

Die Möglichkeit des Glaubens: den Sprung vom ethischen Stadium in das religiöse Stadium zu vollziehen ist eines der gemeinsamen Themen in den drei Hauptwerken aus den Jahren 1843-1844: *Die Wiederholung, Furcht und Zittern* und *Der Begriff der Angst.*

Die Wiederholung (1843)

Kierkegaards Inspiration zu diesem literarischen Werk war vielleicht die Tatsache, dass seine frühere Verlobte, Regine, sich im Sommer 1843 wieder verlobt hatte, und zwar mit ihrer früheren Jugendliebe, dem jungen Beamten Frits Schlegel. Kierkegaard fühlte sich wohl nicht nur erleichtert, dass sein Band zu Regine damit endgültig zerschnitten war, sondern auch gedemütigt, weil Regine in ihrer Unmittelbarkeit offenbar ein früheres Liebesverhältnis „wiederholt" hatte und (im Gegensatz zu Kierkegaard) imstande gewesen war, „das Allgemeine zu realisieren".

Die Hauptpersonen des Werkes sind *Constantin Constantius* (d.h. der Konstante, Unveränderliche), ein im Verstande verhärteter Ästhetiker, und *der junge Mensch*, ein sehr schön aussehender, aber schwermütiger Dichter, der ein problematisches Liebesverhältnis hat.

Constantin ist ein Wortmensch (wie Kierkegaard) und philosophiert eingehend über die Begriffe „Wiederholung" und „Erinnerung". Am Anfang einer längeren Gedankenfolge schreibt er:

> „Wiederholung und Erinnerung stellen die gleiche Bewegung dar, nur in entgegengesetzter Richtung; denn woran man sich als Gewesenes erinnert, das wird in rückwärtiger Richtung wiederholt; wohingegen die eigentliche Wiederholung Erinnerung in Richtung nach vorn ist. Deshalb macht die Wiederholung, wenn sie möglich ist, einen Menschen glücklich, während die Erinnerung ihn unglücklich macht (...).
> Die Liebe der Erinnerung ist die einzig glückliche, hat ein Schriftsteller gesagt. Darin hat er auch vollständig recht, wenn man nur daran denkt, dass sie einen Menschen zuerst unglücklich macht. Die Liebe der Wiederholung ist in Wahrheit die einzig glückliche. Sie hat nicht wie die der Erinnerung die Unruhe der Hoffnung, nicht die beängstigende Abenteuerlichkeit der Entdeckung, aber auch nicht die Wehmut der Erinnerung, sie hat die selige Gewissheit des Augenblicks. Die Hoffnung ist ein neues Kleid, steif und straff und glänzend, doch hat man es noch nie angehabt und weiß daher nicht, wie es einen kleiden wird, oder wie es sitzt. Die Erinnerung ist ein abgelegtes Kleid, das, wie schön es auch sein mag, doch nicht passt, weil man ihm entwachsen ist. Die Wiederholung ist ein unverwüstliches Kleid, das fest und zart umschließt, nicht drückt du nicht lose hängt. Die Hoffnung ist ein entzückendes Mädchen, das einem zwischen den Händen entschlüpft; die Erinnerung ist eine schöne alte Frau, mit der einem doch nie im Augenblick gedient ist; die Wiederholung ist ein geliebtes Eheweib, dessen man nie überdrüssig wird; denn überdrüssig wird man nur des Neuen. Des Alten wird man nie überdrüssig; und wenn man es vor sich hat, wird man glücklich; und nur der wird recht glücklich, der sich nicht selber in der Einbildung betrügt, die Wiederholung solle etwas Neues sein; denn dann wird man ihrer überdrüssig. Zum Hoffen gehört Jugend, zum Erinnern gehört Jugend, aber es gehört Mut dazu, die Wiederholung zu wollen. Wer nur hoffen will, ist feig; wer nur erinnern will, ist wollüstig; aber wer die Wiederholung will, ist ein Mann, und je nachdrücklicher er sie sich klarzumachen verstanden hat, ein umso tieferer Mensch ist er"[58]

Um die Möglichkeit einer Wiederholung in der Wirklichkeit zu untersuchen reist Constantin nach Berlin, wo er früher schon einmal gewesen ist. Hier muss er feststellen, dass er bei seinem früheren Vermieter nicht dasselbe Logis und im Theater nicht dieselbe Loge bekommen kann. Enttäuscht muss er erkennen (was ja zu erwarten war!): „Eine Wiederholung ist nicht möglich".

Der junge Mensch, den Constantin vor seiner Reise nach Berlin kennen gelernt hat, ist mit einem schönen Mädchen verlobt, will sich aber an sie nicht binden, sondern ein freier, unabhängiger Dichter bleiben. Constantin bezeichnet dieses Verhältnis des jungen Menschen zu seiner Verlobten als „ein Missverständnis". Einerseits war sie „die einzige, die er geliebt hatte, die einzige, die er jemals lieben werde". Aber:

> „Auf der anderen Seite liebte er sie jedoch nicht; denn er sehnte sich bloß nach ihr. Mit ihm selber geschah während alledem eine merkwürdige Veränderung. Eine dichterische Produktivität erwachte in ihm in einem Maßstab, den er nie für möglich gehalten hätte. Jetzt begriff er alles leicht. Das junge Mädchen war nicht seine Geliebte, sie war der Anlass, welcher das Poetische in ihm erweckte und ihn zum Dichter machte. Daher konnte er nur sie lieben, sie nie vergessen, nie eine andere lieben wollen und sich doch immerzu bloß nach ihr sehnen. Sie war in sein ganzes Wesen mit hineingezogen, die Erinnerung an sie war ewig frisch. Sie hatte viel für ihn bedeutet, sie hatte ihn zum Dichter gemacht, und gerade dadurch hatte sie ihr eigenes Todesurteil unterschrieben."[59]

Die Parallele zum Verhältnis zwischen Kierkegaard und Regine ist auffallend, und so auch die von Constantin vorgeschlagene Lösung des Problems: "Zerstören Sie alles, verwandeln Sie sich selbst in einen verächtlichen Menschen, der nur seine Freude am Foppen und Betrügen hat." – Der junge Mensch findet diese Empfehlung allzu zynisch. Er reist nach Schweden und schickt regelmäßig Briefe an seinen „Mitwisser", Constantin. Schon in seinem ersten Brief verhält er sich sehr kritisch zu Constantins Lebensanschauung:

> *„Mein stiller Mitwisser!*
>
> „(...) ist es nicht eine Art von Wahnsinn, in solchem Grade jede Leidenschaft, jede Rührung des Herzens, jede Stimmung dem kalten Regiment der Reflexion unterworfen zu haben! Ist es nicht Wahnsinn, in solcher Weise normal zu sein, nur Idee, nicht Mensch, nicht wie wir anderen, biegsam und nachgiebig, verloren und sich verlierend! Ist es nicht Wahnsinn, in solcher Weise immer wach zu sein, immer bewusst, niemals dunkel und träumend! (...) Befürchten Sie nicht, den Verstand zu verlieren? Befürchten Sie nicht, sich in einer entsetzlichen Leidenschaft zu verirren, die man Menschenverachtung nennt?"[60]

In den folgenden Briefen nähert sich „der junge Mensch" einer religiösen Lebensanschauung. Ihn fasziniert die biblische Erzählung über *Hiob*, der von Gott geprüft wird: Hiob verliert seine Familie und seinen ganzen Besitz und wird vom Aussatz befallen. Aber trotzdem bleibt er fest im Glauben und wiederholt immer „diese schönen Worte": „Der Herr hat's gegeben, der Herr hat's genommen – der Name des Herrn sei gelobt!" Wegen seiner Demut und seiner oft wiederholten Anerkennung von Gottes Allmacht bekommt Hiob am Ende alles Verlorene zwiefach zurück.

Der junge Mensch kann sich mit Hiob identifizieren:

„Sprich darum Du, unvergesslicher Hiob! wiederhole alles, was Du gesagt hast (…). In Deinen Worten ist Nachdruck, in Deinem Herzen ist Gottesfurcht, selbst wenn Du klagst (…). Ich habe die Welt nicht mein eigen genannt, nicht sieben Söhne und drei Töchter gehabt; aber auch der kann ja alles verloren haben, der nur wenig besessen hat, auch er kann ja gleichsam Söhne und Töchter verloren haben, der die Geliebte verlor, und auch der kann ja gleichsam mit bösen Schwären geschlagen sein, der die Ehre und den Stolz verloren hat und damit die Lebenskraft und den Sinn."[61]

„Wenn ich Hiob nicht hätte! Es ist unmöglich zu beschreiben und zu nuancieren, welche und wie mannigfache Bedeutung er für mich hat. Ich lese ihn nicht, wie man ein anderes Buch liest, mit dem Auge, sondern ich lege mir das Buch gleichsam aufs Herz und lese es mit dem Auge des Herzens (…). Jedes Wort daraus ist Nahrung und Kleidung und Medizin für meine erbärmliche Seele. (…) Sie haben doch Hiob gelesen? Lesen Sie ihn, lesen Sie ihn immer wieder. (…)
Im ganzen Alten Testament gibt es keine Gestalt, der man sich mit soviel menschlichem Vertrauen und Freimütigkeit und Zuversicht näherte wie Hiob, gerade weil alles bei ihm so menschlich ist, weil er in einem Konfinium [Grenzbezirk] zur Poesie liegt. Nirgends in der Welt hat die Leidenschaft des Schmerzes einen solchen Ausdruck gefunden. (…) Obgleich ich das Buch immer wieder gelesen habe, ist jedes Wort für mich immerzu neu. Immer wenn ich dazu komme, erlebt es eine ursprüngliche Geburt und wird ursprünglich in meiner Seele."[62]

„Hiob ist gesegnet und hat alles *zwiefach* bekommen. – Das nennt man eine *Wiederholung*. (…) So gibt es denn eine Wiederholung. Wann tritt sie ein? Ja, das lässt sich in einer menschlichen Sprache nicht gut ausdrücken. Wann trat sie für Hiob ein? Als alle *erdenkliche* menschliche Gewissheit und Wahrscheinlichkeit für die Unmöglichkeit bestand."[63]

In seinem letzten Brief schreibt „der junge Mensch", dass seine ehemalige Verlobte jetzt verheiratet ist, und dass er dadurch sein eigenes Selbst wiedergewonnen hat.

„Ich bin wieder ich selbst; hier habe ich die Wiederholung; ich verstehe alles, und das Dasein kommt mir schöner vor als je. (…) Gibt es also nicht eine Wiederholung? Habe ich nicht alles zwiefach bekommen? Habe ich nicht mich selbst wiederbekommen, gerade auf solche Weise, dass ich dessen Bedeutung zwiefach fühlen musste?"[64]

Für den *Ästhetiker* (Constantin) ist die Wiederholung eines ästhetischen Erlebnisses nicht möglich.

Für den *Ethiker* ist eine Wiederholung der Liebe erst möglich in der Ehe mit der geliebten Gattin.

Aber die ideale, wahre Wiederholung ist *religiöser* Art und geschieht für den Glaubenden – wie im Fall Hiob, der alles verlor und alles doppelt wiederbekam. Die ideale und wahre Wiederholung lässt sich nicht durch den Willen erzielen. Sie muss von Gott geschenkt werden.

Furcht und Zittern **(1843)**

Dieses Hauptwerk über die Möglichkeit des Glaubens erschien am selben Tag wie *Die Wiederholung* - unter dem Pseudonym „Johannes de Silentio" (d.h. Johannes der Schweigende).

Der Titel „Furcht und Zittern" ist wahrscheinlich eine Anspielung auf den Brief des Paulus an die Gemeinde in Philippi (2, 12): „Deshalb, meine Geliebten, wie ihr immer gehorsam wart, nicht nur in meiner Anwesenheit, sondern vielmehr jetzt in meiner Abwesenheit, - bewirkt euer Heil mit Furcht und Zittern!". Diese Lebensaufgabe und die darin enthaltenen, existentiellen Fragen wünscht der Verfasser in seiner Zeit festzuhalten, „da man einen Strich durch die Leidenschaft gezogen hat, um der Wissenschaft zu dienen". Was in der Zeit fehlt, ist „nicht Reflexion, sondern Leidenschaft."

Damit kritisiert der Verfasser indirekt die zu seiner Zeit in Kopenhagen bewunderte, systematische Philosophie von Georg Friedrich Wilhelm Hegel.

Der Name des Herausgebers, „Johannes de Silentio", symbolisiert vermutlich die Schweigsamkeit des Glaubenden in seiner Begegnung mit Gott. Im Gegensatz zum Gefühl der Leere in *Diapsalmata* (*Entweder – Oder*) wird hier von einem „heiligen Band" gesprochen, das die Menschheit verknüpft, und von einer „starken Macht", die den Menschen dem ewigen Vergessen entreißt. Das Argument für diese „starke Macht" ist, dass ohne sie „im Menschen kein ewiges Bewusstsein herrschte" und „das Leben leer und trostlos" wäre. Und das ist ein untragbarer Gedanke:

> „Falls ein Mensch nicht im Besitz eines ewigen Bewusstseins wäre, (…) falls sich unter allem eine bodenlose Leere, niemals gesättigt, verbärge, was wäre das Leben dann anders als Verzweiflung? Falls es sich so verhielte, falls kein heiliges Band wäre, das die Menschheit zusammenknüpfte, falls ein Geschlecht nach dem anderen entstünde, wie Blätter im Walde, ein Geschlecht das andere ablöste wie der Vogelsang im Walde, falls das Geschlecht durch die Welt zöge, wie das Schiff durchs Meer zieht, das Wetter durch die Wüste, ein gedankenloses und fruchtloses Tun, falls ein ewiges Vergessen immer hungrig auf seine Beute lauerte und keine Macht wäre, stark genug, sie ihm zu entreißen – wie leer und trostlos wäre dann das Leben! Aber darum ist es nicht so (…)."[65]

Der Ausgangspunkt für die Untersuchung der Möglichkeit des Glaubens ist die biblische Erzählung, in der Abraham seinen Sohn Isaak opfern soll (1. Buch Mose, Kapitel 22, 1-18). Das Beunruhigende dieser Erzählung ist, dass Gott fordert, dass Abraham seinen Sohn opfern soll, um seinen Glauben zu beweisen: „Nimm Isaak, deinen einzigen Sohn, den du liebhast, und geh hin in das Land Morija und opfere ihn dort zum Brandopfer auf einem Berge, den ich dir sagen werde." (Lutherbibel 2017).

Abraham reitet mit Isaak langsam den Weg dorthin. Er ist willig ihn zu opfern, weil Gott es verlangt, ist aber in seinem Glauben fest überzeugt, dass Gott im letzten Augenblick Isaak nicht von ihm fordern wird, oder dass er ihn von den Toten zurückbringt. Abraham ist „der Ritter des Glaubens": Er vollzieht die „Bewegung der Resignation", erwartet aber das Unmögliche. Er glaubt „kraft des Absurden" an das Paradox, dass er trotz Gottes Forderung seinen Sohn nicht verlieren wird.

Die Erzählung über Abrahams Opferung seines Sohnes wirft drei philosophische Fragen auf:

1. Ist es erlaubt, die Liebe zu seinen Kindern zurückzustellen, um Gottes Forderung zu erfüllen?
2. Gibt es eine absolute Pflicht, unter allen Umständen Gott gehorsam zu sein?
3. Ist es ethisch zu rechtfertigen, dass Abraham über seine unethische Wahl schweigt?

Der Verfasser bejaht alle drei Fragen:

1. Ja, Abraham stellt die Liebe zu seinem Sohn zurück und folgt schweigend Gottes Befehl, weil er den paradoxalen Glauben hat, dass Gott zuletzt Isaak den Tod erspart oder ihn von den Toten zurückbringt.

"Der Glaube ist eben dieses Paradoxon, dass der Einzelne als der Einzelne höher ist als das Allgemeine, (…) doch wohlgemerkt solchermaßen, dass der Einzelne, nachdem er als der Einzelne dem Allgemeinen untergeordnet gewesen ist, jetzt durch das Allgemeine zu dem Einzelnen wird, der ihm als der Einzelne übergeordnet ist; dass der Einzelne als der Einzelne in einem absoluten Verhältnis zum Absoluten steht. (…) Die Erzählung von Abraham enthält nun eine solche teleologische [zweckmäßige] Suspension des Ethischen. (…) Abrahams ganzes Handeln steht in keinem Verhältnis zum Allgemeinen, ist ein rein privates Unternehmen. (…) Warum tut es Abraham denn? Gottes wegen und völlig identisch hiermit seiner selbst wegen. Gottes wegen tut er es, weil Gott diesen Beweis seines Glaubens fordert, seiner selbst wegen tut er es, damit er den Beweis führen kann. (…) Abraham (…) ist als der Einzelne höher geworden als das Allgemeine. Dies ist das Paradoxon, dass sich nicht mediieren lässt. Ebenso unerklärlich ist, wie er hineinkam, als unerklärlich ist, was drinnen aus ihm wird."[66]

2. Ja, das Paradox des Glaubens, das Abraham höher als das Allgemeine setzt, ist an sich eine Pflicht gegen Gott:

"Das Paradoxon des Glaubens kann so ausgedrückt werden, dass es eine absolute Pflicht gegen Gott gibt; denn in diesem Pflichtverhältnis verhält sich der Einzelne als der Einzelne absolut zum Absoluten (…). In der Erzählung von Abraham finden wir ein solches Paradoxon. Sein Verhältnis zu Isaak ist ethisch gesprochen dies, dass der Vater den Sohn lieben soll. Dies ethische Verhältnis wird im Gegensatz zum absoluten Verhältnis zu Gott zum Relativen erniedrigt."[67]

3. Ja, das Paradox des Glaubens bewirkt, dass der Einzelne sich einem anderen überhaupt nicht verständlich machen kann:

„Abraham schweigt – aber er *kann* nicht sprechen, darin liegt die Not und die Angst. Wenn ich mich nämlich, indem ich spreche, nicht verständlich machen kann, so spreche ich nicht, wenn ich gleich ununterbrochen Tag und Nacht spräche. Dies ist mit Abraham der Fall. Er kann alles sagen; aber eines kann er nicht sagen, und doch wenn er es nicht sagen kann, d.h. es so sagen, dass ein anderer es versteht, dann spricht er nicht. (…) Abraham kann nun das Schönste sagen, was eine Sprache aufzubringen vermag, wie er Isaak liebt. Aber dies ist es nicht, was ihm am Herzen liegt, es ist das Tiefere, dass er ihn opfern will, weil es eine Prüfung ist. Dies letztere kann niemand verstehen, und so kann ein jeder das erstere nur missverstehen."[68]

Abraham ist also von seiner Familie und anderen Menschen isoliert, weil er eine Erklärung seines Handelns nicht formulieren kann. Deshalb ist er der Einzelne in Leidenschaft Schweigende („de Silentio"), der in seinem paradoxalen Glauben das Unmögliche erwartet.

Furcht und Zittern ist eines der umstrittensten Werke Kierkegaards. Einige Interpreten sind der Meinung, dass hier ein religiöser Fundamentalismus gerechtfertigt wird. Andere Interpreten stellen nur fest, dass „kraft des Glaubens" alles möglich ist.

Der Begriff der Angst (1844)

Dieses Werk unter dem Pseudonym *Vigilius Haufniensis* (dem aufmerksamen Kopenhagener) ist eine tiefgehende Analyse der Angst ein halbes Jahrhundert vor Sigmund Freuds Tiefenpsychologie. Vier Themen stehen im Mittelpunkt:

1. Angst als existenzielles Phänomen

Die Angst ist ein typisches Merkmal des Menschenlebens. Das Tier lebt unmittelbar und in tiefer Übereinstimmung mit seiner Natur, ohne darüber nachzudenken, ob es gut oder schlecht handelt. Der Mensch dagegen lebt nicht in natürlicher Harmonie mit seinen Bedürfnissen. Von Kind an entwickelt er allmählich die Fähigkeit, zwischen Gut und Böse zu unterscheiden, und hat damit die *Freiheit der Wahl*. Aber aus der Wahlfreiheit folgt die *Verantwortung*. Der Mensch ist also (im Gegensatz zum Tier) verantwortlich dafür, wie er sich zu seinem Leben *verhält*, ob er die herrschenden Zustände akzeptiert oder nach einem höheren Lebensziel streben will. Aber aus der Freiheit, der Wahl und der Verantwortung folgt auch die *Angst*.

Die Angst ist also ein Ausdruck dafür, dass der Mensch eine *Möglichkeit* ahnt, in Freiheit das zu tun, was er will – ohne genau zu wissen, *was* er will. Durch die Angst bekommt der Mensch die Möglichkeit, ein freies, selbstverantwortliches Individuum zu werden. Aber die Angst ist zugleich ein Ausdruck der existentiellen Verzweiflung, d.h. der ersten Sünde.

> „Dass die Angst in Erscheinung trete, ist das, worum sich alles dreht. Der Mensch ist eine Synthese des Seelischen und des Leiblichen. Aber eine Synthese ist undenkbar, wenn die zwei sich nicht vereinen in einem Dritten. Dieses Dritte ist der Geist."[69]

> „Angst kann man vergleichen mit Schwindel. Wessen Auge in eine gähnende Tiefe hinunterschaut, der wird schwindlig. Der Grund seines Schwindels aber ist ebenso sehr sein Auge wie der Abgrund; denn gesetzt, er hätte nicht hinuntergestarrt! So ist die Angst der Schwindel der Freiheit, der aufsteigt, wenn der Geist die Synthese setzen will und die Freiheit nun hinunterschaut in ihre eigene Möglichkeit und dabei die Endlichkeit ergreift, um sich daran zu halten. In diesem Schwindel sinkt die Freiheit um."[70]

> „Wäre der Mensch ein Tier oder ein Engel, so würde er nicht Angst haben können. Da er eine Synthese ist, kann er Angst haben, und je tiefer seine Angst ist, desto größer ist der Mensch, doch nicht in dem Sinne, wie die Menschen es gemeinhin verstehen, wo die Angst auf das Äußerliche geht, auf etwas außerhalb des Menschen, sondern in dem Sinne, dass einer selbst die Angst produziert."[71]

2. Angst im Gegensatz zu Furcht

„Die Angst ist ganz und gar verschieden von Furcht". Der Gegenstand der Furcht ist „etwas Be-stimmtes" (z.b. eine äußere Gefahr), aber der Gegenstand der Angst ist „das Nichts": das Unbe-kannte und Unbestimmte. Diese gegenstandslose Angst ist eine indirekte Mahnung, dass der Mensch ein *geistiges* Wesen ist.

> „Der Begriff der Angst wird fast nie in der Psychologie behandelt; ich muss daher darauf aufmerksam machen, dass er gänzlich anders ist als etwa Furcht und ähnliche Begriffe, die sich auf etwas Bestimmtes beziehen; die Angst dagegen ist die Wirklichkeit der Freiheit als Möglichkeit für die Möglichkeit. Man wird so beim Tier keine Angst finden, eben weil es in seiner Natürlichkeit nicht als Geist bestimmt ist."[72]

Ein zweiter Unterschied zwischen Furcht und Angst ist, dass die Furcht ausschließlich als etwas Negatives und Abstoßendes erlebt wird, während die Angst *zweideutig* ist: zugleich *abstoßend* („an-tipathetisch") und *anziehend* („sympathetisch"):

> „Angst ist eine *sympathetische Antipathie* und eine *antipathetische Sympathie*. (...) Dies wird vom Sprachgebrauch [vollkommen] bestätigt; man sagt: die süße Angst, die süße Beängsti-gung, man sagt: eine seltsame Angst, eine scheue Angst und so weiter. (...) Beobachtet man Kinder, so wird man diese Angst bestimmter angedeutet finden als ein Suchen nach dem Abenteuerlichen, dem Ungeheuren, dem Rätselhaften. Dass es Kinder gibt, bei denen sich dies nicht findet, beweist nichts; das Tier hat es ja auch nicht, und je weniger Geist desto we-niger Angst. Diese Angst gehört so wesentlich dem Kinde zu, dass es sie nicht entbehren möchte; und wenn sie es auch ängstigt, so fesselt sie es, doch mit ihrer süßen Beängsti-gung."[73]

3. Die Angst im Garten Eden

Die gegenstandslose Angst und ihre Zweideutigkeit kennen wir schon aus der biblischen Erzählung über Adam und Eva im Garten Eden. Am Anfang lebten sie wie die Tiere in Übereinstimmung mit der Natur, wie kleine Kinder unmittelbar und unreflektiert in Unschuld und Einfalt ohne Wissen über „Gut und Böse", bis Gott Adam verbot, „von dem Baum der Erkenntnis des Guten und Bösen" zu essen und ihm mit dem Tod drohte, falls er das Verbot nicht befolgte. Damit hörte die erste und ursprüngliche Unmittelbarkeit auf und wurde durch ein Bewusstsein der Freiheit ersetzt, d.h. die Möglichkeit zu wählen, aber auch die daraus folgende Angst, falsch zu wählen. Die Angst war „ab-stoßend", weil sie an die von Gott angedrohte Strafe erinnerte, aber zugleich „anziehend", weil sie neue, schwindelerregende (und unüberschaubare) Möglichkeiten erschloss.

> „Wenn es so in der Genesis heißt, dass Gott zu Adam sagte: ‚Allein vom Baum der Erkenntnis des Guten und Bösen sollst du nicht essen", so ist ja wohl ganz klar, dass Adam eigentlich dieses Wort nicht verstand; denn wie sollte er wohl den Unterschied von Gut und Böse verstehen, da diese Unterscheidung doch erst mit dem Genuss erfolgte.
> Nimmt man nun an, dass das Verbot die Lust erweckt, so erhält man anstelle der Unwissen-heit ein Wissen, denn Adam muss doch wohl ein Wissen um die Freiheit gehabt haben, da seine Lust darauf ausging, sie zu gebrauchen. (...) Das Verbot ängstigt ihn, weil das Verbot

die Möglichkeit der Freiheit in ihm erweckt. (...) Auf das Wort des Verbotes folgt das Wort der Strafandrohung: so wirst du gewisslich des Todes sterben. Was sterben sagen will, begreift Adam natürlich ganz und gar nicht, dagegen steht dem nichts im Wege, angenommen es sei zu ihm gesagt, dass ihm die Vorstellung des Entsetzlichen gekommen sei. Selbst das Tier kann ja in dieser Hinsicht den mimischen Ausdruck und die Bewegung in der Stimme des Sprechenden verstehen, ohne das Wort zu verstehen. Wenn man durch das Verbot die Lust wecken lässt, so muss man auch durch das Wort der Strafe eine abschreckende Vorstellung erwecken. Das ist jedoch verwirrend. Das Entsetzen hier ist nur Angst; denn Adam hat das Gesprochene nicht verstanden und hat also hier nur wieder die Zweideutigkeit der Angst. Die unendliche Möglichkeit zu können, die das Verbot erweckte, rückt jetzt dadurch näher, dass diese Möglichkeit eine Möglichkeit als ihre Folge aufweist"[74]

4. Angst als Rettung durch den Glauben

Es ist von größter Wichtigkeit, dass der Mensch Angst empfinden kann, denn „die Angst ist die Möglichkeit der Freiheit" und „nur diese Angst ist etwas, was durch den Glauben absolut bildet."

„Wer durch die Angst gebildet wird, der wird durch die Möglichkeit gebildet, und erst wer durch die Möglichkeit gebildet wird, wird nach seiner Unendlichkeit gebildet. Die Möglichkeit ist deshalb die schwerste von allen Kategorien. (...) Damit aber ein Mensch in der Weise absolut und unendlich durch die Möglichkeit gebildet werde, muss er redlich sein gegen die Möglichkeit und Glauben haben. Unter Glauben verstehe ich hier (...): die innere Gewissheit, die die Unendlichkeit vorwegnimmt."[75]

Das Wesen des Glaubens

Kierkegaards berühmte Aussage: „Die Subjektivität ist die Wahrheit" gilt ganz besonders für den Glauben. Das bedeutet doch nicht, dass alles, woran der Mensch glaubt, denselben Wert hat, bloß weil die Wahl subjektiv ist. Für Kierkegaard hat eben der *christliche* Glaube einen besonderen Wert, weil er an das *Engagement* und die *Leidenschaft* des einzelnen Menschen appelliert und nicht an sein intellektuelles Verständnis. Das Grundlegende für Kierkegaard ist, dass das Christentum für das menschliche Denken *absurd* ist. Das Paradox, dass Jesus sowohl menschlich als auch göttlich ist, bereitet dem Menschen unüberwindliche Schwierigkeiten. Akzeptiert er aber dieses Paradox, dann glaubt er an etwas, was unmittelbar unmöglich vorkommt.

Nach Kierkegaard ist der Glaube durch eine innere Doppelbewegung im Menschen gekennzeichnet: eine Bewegung *aus der Welt hinaus* (indem er alles Irdische aufgibt) und eine Bewegung *in die Welt hinein* (indem er fest daran glaubt, das Aufgegebene wieder zu gewinnen). In diesem Sinne war Abraham der „Stammvater des Glaubens", denn er war auf Gottes Befehl bereit, seinen Sohn Isaak zu opfern, glaubte aber gleichzeitig daran, dass ihm Gott Isaak zurückgeben würde (vgl. *Furcht und Zittern*, S. 33). Diese Doppelbewegung des Glaubens bewirkt, dass der Gläubige das gegenwärtige, irdische Leben nie verleugnet, sondern darin immer gegenwärtig lebt. Das Ziel ist nicht weltfremd zu werden und eine Erlösung im Jenseits abzuwarten, sondern hier und jetzt ethisch-religiös zu leben.

Philosophische Brocken (1844)

In dieser kleinen Schrift „von *Johannes Climacus* herausgegeben von S. Kierkegaard" kommt es u.a. zu einer Auseinandersetzung mit *Sokrates'* Lehre von der menschlichen Aneignung der Wahrheit und mit der sokratischen Auffassung von „Lehrer" und „Lernendem". Nach Sokrates hat jeder Mensch die Wahrheit in seiner unsterblichen Seele. Der „Lehrer" muss den „Lernenden" bloß an die Wahrheit erinnern. Die Wahrheit wird also nicht in den „Lernenden" hineingebracht, sondern ist vorher *in* ihm und muss als Erinnerung bloß wachgerufen werden.

Demgegenüber behauptet *Johannes Climacus*, der Mensch habe nicht im Voraus die Wahrheit in sich, sondern empfängt sie in einem entscheidenden „Augenblick der Zeit" *von außen*, von Gott durch seinen Sohn Jesus Christus. Gott ist also kein sokratischer „Lehrer", sondern ein „Erlöser" und „Versöhner":

> „Wie sollen wir nun solch einen Lehrer nennen, der ihm [dem Menschen] die Bedingung wieder gibt und mit ihr die Wahrheit? Lasst uns ihn einen Heiland, einen Befreier nennen, denn er macht den Lernenden ja aus der Unfreiheit frei, macht ihn von sich selber frei; einen *Erlöser*, denn er löst ja den, der sich selbst gefangen gesetzt hatte, und niemand ist ja so schrecklich gefangen, und aus keiner Gefangenschaft ist es so unmöglich auszubrechen, als aus der, in welcher das Individuum sich selber hält! Und dennoch ist damit ja noch nicht genug gesagt; denn mit der Unfreiheit hatte er sich ja schuldig gemacht, und gibt ihm denn also jener Lehrer die Bedingung und die Wahrheit, so ist er ja ein *Versöhner,* der den Zorn fortnimmt, der über der Verschuldung lag."[76]

Nach *Climacus* ist es „das absolute Paradox des Glaubens", dass der *ewige* Gott zu einem *historischen* Zeitpunkt in Jesus Christus Mensch wurde, um die sündigen Menschen zu erlösen und ihre Sünden zu vergeben. Dieses Paradox kann man nicht wissenschaftlich verstehen, sondern nur *leidenschaftlich glauben*. Der Glaube ist also „keine Erkenntnis", sondern „ein Freiheitsakt, eine Willensäußerung".

Abschließende unwissenschaftliche Nachschrift (1846)

Diese „Nachschrift" zu den „Brocken" ist Kierkegaards größte Schrift. Er bezeichnet sie als „abschließend", weil er sie als sein letztes Werk geplant hatte, und „unwissenschaftlich", weil er die für seine Zeit typische, objektive Wissenschaftlichkeit durch eine neue, *subjektive Leidenschaftlichkeit* ersetzen will.

Seine Kritik richtet sich vor allem gegen die systematische Entwicklungsphilosophie des deutschen Philosophen Hegel, die unter den Intellektuellen in Kopenhagen eine dominierende Stellung hatte.

Georg Wilhelm Friedrich Hegel (1770-1831) hatte in seinem Hauptwerk *Phänomenologie des Geistes* (1807) auf spekulativem Weg ein universelles, fortschreitendes System der Entwicklung der menschlichen Ideen erstellt. Diese Entwicklung des „Geistes" verläuft, meint Hegel, stufenweise in einem ständigen, „dialektischen" Prozess nach einem logischen Schema von Gegensätzen: These →

Antithese → Synthese. Das heißt: Eine allgemein angenommene Idee (These) wird mit einer neuen, gegensätzlichen Idee (Antithese) konfrontiert. Dieser Konflikt wird auf einem höheren Niveau in einer Synthese ausgeglichen oder aufgehoben, indem diese Synthese Elemente von These und Antithese miteinander verbindet und so die Gegensätzlichkeit harmonisiert. Die Synthese wird zu einer neuen These, die später mit einer neuen Antithese konfrontiert wird, und der neue Konflikt wird in einer neuen Synthese aufgehoben - und so weiter bis zur endgültigen, absoluten Harmonie.

Kierkegaard kritisiert Hegel, weil er die Eigenverantwortung des Einzelnen übersieht. Die Wahrheit liegt nicht in einem wissenschaftlichen System, sondern in der leidenschaftlichen Subjektivität.

„Der Weg der objektiven Reflexion macht das Subjekt zu dem Zufälligen und damit die Existenz zu etwas Gleichgültigem, Verschwindendem. Fort vom Subjekt geht der Weg zur objektiven Wahrheit, und während das Subjekt und die Subjektivität gleichgültig werden, wird die Wahrheit es auch, und gerade dies ist ihre objektive Gültigkeit; denn das Interesse ist, ebenso wie die Entscheidung, die Subjektivität. Der Weg der objektiven Reflexion führt nun zu abstraktem Denken, zu Mathematik, zu historischem Wissen verschiedener Art; er führt beständig fort vom Subjekt, dessen Dasein oder Nicht-Dasein, objektiv ganz richtig, unendlich gleichgültig wird; ganz richtig, denn Dasein oder Nicht-Dasein hat, wie Hamlet sagt, nur subjektive Bedeutung."[77]

„Also: a) ein logisches System kann es geben; b) aber ein System des Daseins kann es nicht geben."[78]

„Die Subjektivität ist die Wahrheit; die Subjektivität ist die Wirklichkeit."[79]

Diese Bestimmung der Wahrheit ist zugleich eine Umschreibung des Glaubens:

„Ohne Risiko kein Glaube. Glaube ist gerade der Widerspruch zwischen unendlicher Leidenschaft der Innerlichkeit und der objektiven Unwissenheit. Kann ich Gott objektiv greifen, dann glaube ich nicht, aber gerade weil ich es nicht kann, darum muss ich glauben; und will ich mich im Glauben bewahren, muss ich beständig achtgeben, dass ich an der objektiven Unwissenheit festhalte, dass ich in dieser objektiven Unwissenheit 'über den 70000 Klaftern Wasser' bin und doch glaube."[80]

Über Christentum und Glauben heißt es:

„Das Christentum ist keine Lehre von der Einheit des Göttlichen und des Menschlichen (...) Wenn nämlich das Christentum eine Lehre wäre, so würde das Verhältnis zu ihm nicht das des Glaubens sein; denn zu einer Lehre gibt es nur ein intellektuelles Verhältnis. Das Christentum ist daher keine Lehre, sondern das Faktum, dass der Gott dagewesen ist."[81]

Die Krankheit zum Tode (1849)

Der Titel dieses Buches ist eine Anspielung auf Jesu Worte im Johannesevangelium (Kapitel 11), wo der kranke Lazarus stirbt, bevor Jesus rechtzeitig eintrifft, um ihn zu heilen. Als Jesus von Lazarus' Krankheit und Tod hört, sagt er: „Diese Krankheit ist nicht zum Tode" (Joh. 11,4). Und so ist es! Als Jesus zu Lazarus kommt, erweckt er ihn von den Toten auf. Das Buch ist „zur Erbauung und Erweckung", wie es im Untertitel steht.

Die „Krankheit", von der in diesem Werk die Rede ist, ist nicht physisch, sondern *existentiell*, und zwar die Verzweiflung, die im Menschen entsteht, wenn er sich von seinem *Selbst* und dem Glauben an Gott abwendet. Aber was ist *das Selbst?*

> „Der Mensch ist Geist. Was aber ist Geist? Geist ist das Selbst. Aber was ist das Selbst? Das Selbst ist ein Verhältnis, das sich zu sich selbst verhält, oder ist das im Verhältnis, dass das Verhältnis sich zu sich selbst verhält; das Selbst ist nicht das Verhältnis, sondern dass das Verhältnis sich zu sich selbst verhält. Der Mensch ist eine Synthese von Unendlichkeit und Endlichkeit, von Zeitlichem und Ewigem, von Freiheit und Notwendigkeit, kurz eine Synthese. Eine Synthese ist ein Verhältnis zwischen Zweien. So betrachtet, ist der Mensch noch kein Selbst. - Im Verhältnis zwischen Zweien ist das Verhältnis das Dritte als negative Einheit, und die Zwei verhalten sich zum Verhältnis und im Verhältnis zum Verhältnis; dergestalt ist unter der Bestimmung Seele das Verhältnis zwischen Seele und Leib ein Verhältnis. Verhält sich hingegen das Verhältnis zu sich selbst, so ist dieses Verhältnis das positive Dritte, und dies ist das Selbst."[82]

Was soll das alles heißen? Es ist doch klar, dass der Mensch aus Körper und Seele besteht. Aber das ist nicht das Charakteristische für den Menschen, sondern dass er sich angesichts dieser Tatsache zu seinem Selbst *verhält*, d.h. dass er nicht nur mit Reflexion, sondern auch mit Leidenschaft sich selbst spürt und wählt.

Die Krankheit im Selbst kann sich als drei Arten der Verzweiflung zeigen:

> „Verzweiflung ist eine Krankheit im Geist, im Selbst, und kann so ein Dreifaches sein: dass der menschliche Geist in der Verzweiflung sich nicht bewusst ist, ein Selbst zu haben [uneigentliche Verzweiflung]; dass er verzweifelt nicht er selbst sein will, dass er verzweifelt er selbst sein will."[83]

1. *Der Spießbürger* ist in aller Stille verzweifelt: Er ist sich *nicht bewusst, dass er ein Selbst hat.* Ab und zu spürt er doch in sich etwas Größeres als sein kleinbürgerliches und unpersönliches Leben.

2. *Der Ästhetiker* ist verzweifelt: Er *will nicht er selbst sein.* Deshalb braucht er Ablenkung und ist ständig auf der Suche nach dem sinnlichen Genuss des Augenblicks.

3. *Der Ethiker* ist verzweifelt: Er *will er selbst sein, kann es aber nicht.* Er hat „jede Leidenschaft (…) dem kalten Regiment der Reflexion unterworfen"[84], und somit wird „der Sprung" in das religiöse Stadium schwierig. Denn dieser Sprung fordert eine unbedingte Leidenschaft.

Wer in seiner Verzweiflung stecken bleibt, hat das Bewusstsein der geistigen und ewigen Dimension des Daseins verloren und ist somit nicht er selbst, sondern geistig tot. Diese Verzweiflung ist eine Sünde gegen das göttliche *Selbst* und kann nur durch den christlichen Glauben überwunden werden.

Christliche Erbauung

Die christliche Erbauung war nach Kierkegaard letztes Ziel seiner Verfasserschaft. Parallel zu seinen pseudonymen, philosophischen Werken schrieb er 1843-44 unter *eigenem* Namen achtzehn "erbauliche Reden", in denen seine ganz persönlichen Gedanken über den christlichen Glauben zum Ausdruck kommen. Die für die philosophischen Werke typische „indirekte Mitteilung" mit Distanz zwischen Verfasser und Werk ist hier aufgehoben. Diese Reden waren für Kierkegaard wichtiger als sein Durchbruchswerk *Entweder – Oder*. In *Gesichtspunkt für meine Wirksamkeit als Schriftsteller* (1848) schrieb er: "Mit der linken Hand reichte ich "Entweder – Oder" hinaus in die Welt, mit der Rechten "zwei erbauliche Reden", aber sie griffen alle oder so gut wie alle mit ihrer Rechten nach der linken Hand."

Kierkegaards religiöse Reden sind nicht nur eine Freistatt in seiner Arbeit mit den theoretischen Überlegungen in den pseudonymen Schriften, sondern auch die Klärung und das Ergebnis dieser Überlegungen. Darüber hinaus war es ihm wichtig nicht den Eindruck zu hinterlassen, dass er als Ästhetiker angefangen hatte und erst später religiös wurde, sondern zu zeigen, dass er schon am Anfang seiner Verfasserschaft ein religiöser Schriftsteller gewesen war.

Die Reden haben, was den Inhalt und die Form betrifft, den Charakter von Predigten. Da aber Kierkegaard kein ordinierter Pfarrer war und somit keine Befugnis zu predigen hatte, nannte er seine Reden „erbauliche Reden", d.h. Reden, die zugleich den christlichen Glauben aufbauen und den einzelnen Leser in seinem Glauben erheben und stärken und damit zur Bildung einer christlichen Identität beitragen. Die Reden appellieren in einer eindringlichen, aber milde überredenden Sprache an ein breiteres Publikum als die pseudonymen Schriften und erschienen daher auch in mehreren Auflagen.

In einer der ersten Reden (1843) ist das Thema „Die Erwartung des Glaubens":

> „Wie sollten wir dem Zukünftigen entgegengehen? Wenn der Seemann draußen auf dem Meer liegt, wenn alles um ihn herum wechselt, wenn die Wogen geboren werden und sterben, dann stiert er nicht in diese hinunter; denn sie wechseln. Er blickt auf zu den Sternen: und warum? Weil sie treu sind; wie sie jetzt stehen, so standen sie für die Väter und sollen stehen für die kommenden Geschlechter. Wodurch besiegt er das Wechselnde? Durch das Ewige. Durch das Ewige kann man das Zukünftige besiegen, weil das Ewige des Zukünftigen Grund ist, darum kann man mit diesem jenes ergründen. Welches ist nun die ewige Macht in einem Menschen? Es ist der Glaube. Welches ist die Erwartung des Glaubens? Sieg, oder wie die Schrift uns so ernst und bewegt lehrt, dass alle Dinge, denen zum Besten dienen müssen, die Gott lieben." (...)

> "Der Gläubige heischt für seine Erwartung keinen Beweis; (...) Gott sei es gedankt, so steht es nicht, dass das Einzelne ein Beweis oder eine Widerlegung wäre für des Glaubens Erwartung. Ja, Dank sei Gott! Die Zeit kann des Glaubens Erwartung weder beweisen noch widerlegen; denn der Glaube erwartet eine Ewigkeit."[85]

Vier Jahre später (1847) ist das Thema „Die Reinheit des Herzens":

„Die Reinheit des Herzens; dies ist ein bildlicher Ausdruck, der das Herz mit dem Meer vergleicht, und weshalb wohl gerade damit? Weil die Tiefe des Meeres seine Reinheit ist; und die Reinheit ist die Durchsichtigkeit, weil das Meer nur tief ist, wenn es rein ist, und nur rein ist, wenn es durchsichtig ist; (…) Kein Sturm darf's in Aufruhr bringen, kein Windstoß darf seine Oberfläche bewegen; kein schläfriger Nebel darf sich drüber breiten; keine zweifelhafte Bewegung darf darin sein; keine eilende Wolke darf's verdunkeln; sondern ruhig muss es liegen, tief durchsichtig; und wenn du's heute so siehst, dann erhebt es dich, des Meeres Reinheit zu schauen, und wenn du's jeden Tag so sähest, dann sagtest du: 's ist immer rein – dessen Herzen gleich, der nur Eines will. Wie das Meer, wenn es so ruhig, tief durchsichtig daliegt, nach dem Himmel verlangt, so verlangt das reine Herz, wenn es ruhig, tief durchsichtig ist, nach dem Guten; oder wie das Meer rein wird, wenn es allein nach dem Himmel verlangt, so verlangt das reine Herz, wenn es ruhig, tief durchsichtig ist, nach dem Guten; oder wie das Meer rein wird, wenn es allein nach dem Himmel verlangt, so wird das Herz rein, wenn es allein nach dem Guten verlangt. Wie das Meer in seiner reinen Tiefe die Höhe des Himmels spiegelt, so spiegelt das Herz, wenn es ruhig, tief durchsichtig ist, in seiner reinen Tiefe die himmlische Erhabenheit des Guten wider;"[86]

Die „frohe Botschaft" des Christentums findet Kierkegaard in dem Evangelium des Matthäus (6, 25-34), wo es u.a. heißt:

„Sorget nicht für euer Leben, was ihr essen und trinken werdet, auch nicht für euren Leib, was ihr anziehen werdet. Ist nicht das Leben mehr denn Speise? und der Leib mehr denn die Kleidung? (…) Schaut die Lilien auf dem Felde, wie sie wachsen: sie arbeiten nicht, auch spinnen sie nicht. Ich sage euch, dass auch Salomo in aller seiner Herrlichkeit nicht bekleidet gewesen ist wie derselben eins. (…) Trachtet am ersten nach dem Reich Gottes und nach seiner Gerechtigkeit, so wird euch solches alles zufallen. Darum sorgt nicht für den andern Morgen".

Dieser Bibeltext ist für Kierkegaard die „frohe Botschaft" an die Bekümmerten und eine direkte Aufforderung, ohne Sorgen für die Zukunft bloß Mensch zu sein. Nach seiner Auslegung des Textes schreibt Kierkegaard das folgende Gleichnis, das seine christliche Lebensanschauung ausdrückt:

„Es war einmal eine Lilie. Die stand an einer abseits gelegenen Stelle an einem kleinen rinnenden Wasser und hielt gute Nachbarschaft mit ein paar Nesseln sowie mit einer Anzahl anderer Blümchen da in der Nähe. Die Lilie war nach der wahrhaften Beschreibung des Evangeliums schöner gekleidet als Salomo in all seiner Herrlichkeit, dabei sorglos und froh den lieben langen Tag. Unmerklich und in Glückseligkeit glitt die Zeit dahin, gleich dem rinnenden Wasser, das rieselt und dahinzieht. Aber da traf es sich, dass eines Tages ein Vögelchen kam und die Lilie besuchte. Am nächsten Tag kam es wieder, blieb dann mehrere Tage fort und kehrte sodann wieder. Das dünkte der Lilie seltsam und unerklärlich; sie konnte es nicht fassen, warum der Vogel nicht auf derselben Stelle blieb wie die kleinen Blumen, und es dünkte sie sonderbar, dass der Vogel so launenhaft sein konnte. Wie das nun oft vorkommt, so geschah es auch der Lilie: gerade, weil der Vogel so launenhaft war, verliebte sie sich immer mehr in ihn.

Dieses Vögelchen war ein schlimmer Vogel; statt sich in die Lage der Lilie zu versetzen, statt sich an ihrer Schönheit zu freuen und sich mit ihr ihrer unschuldigen Glückseligkeit zu erfreuen, wollte er sich dadurch wichtigmachen, dass er seine Freiheit fühlte und die Lilie ihre Gebundenheit fühlen ließ. Und nicht nur das -: auch war das Vögelchen redselig, es erzählte von allem möglichen, Wahres und Unwahres; es sprach von weit prächtigeren Lilien, die an anderen Stellen in großer Menge stünden und wo eine Freude und Munterkeit, ein Duft, eine Farbenpracht und ein Vogelgezwitscher herrsche, dass es nicht zu sagen sei. So erzählte der Vogel, und jede seiner Erzählungen endete gerne mit der für die Lilie demütigenden Bemerkung, im Vergleich mit solcher Herrlichkeit sehe sie wie ein Nichts aus, ja, sie wäre so unbedeutend, dass es sich überhaupt frage, mit welchem Rechte sie sich eine Lilie nenne.

So wurde die Lilie bekümmert, und je mehr sie auf den Vogel hörte, desto mehr wuchs ihre Bekümmernis. Nachts schlief sie nicht mehr ruhig, und morgens wachte sie nicht mehr froh auf. Sie fühlte sich gefangen und gebunden, das Rieseln des Wassers fand sie langweilig, und der Tag wurde ihr lang. Nun fing sie an, sich voller Selbstbekümmernis, solange der Tag währte, mit sich selber und mit ihren Lebensverhältnissen zu beschäftigen.

"Ganz schön mag das ja sein", sagte sie zu sich selber, "hin und wieder und um der Abwechslung willen auf das Rieseln des Baches zu lauschen. Aber tagein, tagaus immer dasselbe zu hören, das ist doch gar zu langweilig". -"Es kann angenehm sein", sagte sie bei sich, "hin und wieder an abgelegener Stelle zu stehen und einsam zu sein; aber so das ganze Leben hindurch vergessen zu sein, ohne Gesellschaft zu sein oder nur durch die Gesellschaft von Brennnesseln zu haben, was doch wohl für eine Lilie keine Gesellschaft ist, das ist nicht auszuhalten." -"Und dann", meinte sie weiter bei sich, "und dann so gering auszusehen und so unbedeutend zu sein, wie es der kleine Vogel von mir behauptet, - ach, warum bin ich nicht an anderer Stelle und unter anderen Lebensbedingungen aufgewachsen?! Ach, warum bin ich keine Kaiserkrone geworden!? Das Vögelchen hatte ihr nämlich erzählt, unter allen Lilien gelte die Kaiserkrone für die schönste und werde von allen Lilien beneidet. Umso mehr kam es der Lilie zu Bewusstsein, wie die Bekümmernis nach ihr griff. Aber dann redete sie sich vernünftig zu, - aber doch nicht so vernünftig, dass sie sich die Bekümmernis aus dem Sinn schlug, sondern so, dass sie sich selbst davon überzeugte, wie berechtigt ihre Kümmernis sei; denn, so sagte sie, "mein Wunsch ist ja kein unvernünftiger Wunsch. Ich verlange ja nichts Unmögliches, dass ich gar etwas werden möchte, was ich nicht bin, zum Beispiel ein Vogel. Nein, - mein Wunsch ist lediglich der, ich möchte eine prächtige Lilie werden oder doch auch die prächtigste von allen."

Während alledem flog das Vögelchen hin und her, und mit jedem seiner Besuche und mit jedem Abschied wuchs die Unruhe der Lilie. Schließlich vertraute sie sich dem Vogel ganz an. Eines Tages kamen sie überein, am nächsten Morgen solle eine Veränderung vor sich gehen, und der Bekümmernis solle ein Ende gemacht werden. Zeitig am nächsten Morgen kam das Vögelchen; mit seinem Schnabel hackte es das Erdreich an der Wurzel der Lilie los so dass sie frei werden konnte. Als das geglückt war, nahm der Vogel die Lilie unter seine Flügel und flog mit ihr von dannen. Es war nämlich verabredet worden, der Vogel solle mit der Lilie dorthin fliegen, wo die prächtigen Lilien blühten; dort solle er ihr dann beim Einpflanzen behilflich sein, um zu erproben, ob es der Lilie nicht durch die Ortsveränderung und die neue Umgebung glücke, in der Gesellschaft der vielen eine prächtige Lilie oder gar eine Kaiserkrone zu werden, die von allen anderen beneidet werde.

Ach, unterwegs welkte die Lilie. Wäre der bekümmerten Lilie genug gewesen, dass sie eine Lilie war, so wäre sie nicht bekümmert geworden. Hätte die Bekümmernis in ihr keine Stätte gefunden, so wäre sie stehen geblieben, wo sie stand, - wo sie in all ihrer Schönheit stand. Wäre sie stehen geblieben, wäre sie gerade die Lilie gewesen, von der der Pfarrer am Sonntag sprach, als er das Wort des Evangeliums wiederholte: "Sehet die Lilien: ich sage euch, dass Salomo in all seiner Herrlichkeit nicht gekleidet war wie sie (...).

Die Lilie ist der Mensch. Das schlimme Vögelchen ist der unruhige Gedanke des Vergleichens (...).

Wenn nun der Mensch an die Bekümmernis der Lilie, die eine Kaiserkrone werden wollte, nicht ohne Lächeln denken kann, und wenn er sich vergegenwärtigt, dass sie unterwegs verstarb, - o, dann bedenke, Mensch, dass es zum Weinen wäre, wenn sich ein Mensch ebenso unvernünftig bekümmerte, - ebenso unvernünftig, - doch nein -: wie dürfte ich das so stehen lassen und wie dürfte ich ernstlich die göttlich bestellten Lehrmeister beschuldigen, - die Lilien auf dem Felde! Nein, - so bekümmerten sich die Lilien nicht, und gerade deswegen sollten wir von ihnen lernen.

Wenn es einem Menschen gleich der Lilie genügt, dass er ein Mensch ist, so wird er nicht krank durch zeitliche Bekümmernis, und wenn er nicht durch zeitliche Dinge bekümmert wird, so bleibt er auf jener Stelle stehen, die ihm angewiesen ist, und wenn er da verharrt, dann ist es fürwahr so, dass er durch sein Menschsein herrlicher ist als Salomos Herrlichkeit.

Was lernt also der Bekümmerte von den Lilien? Er lernt, sich genügen zu lassen, dass er Mensch ist und sich wegen der Verschiedenheit zwischen Menschen nicht zu bekümmern; er lernt, ebenso kurz, ebenso feierlich, ebenso erhebend vom Menschsein zu sprechen, wie das Evangelium kurz von den Lilien spricht (...)."[87]

Der Mensch muss also nur die Lilie in der Natur betrachten, um zu verstehen, wie er sein Leben unmittelbar und unbekümmert leben soll. Das Gleichnis von der Lilie drückt den existentiellen Kern von Kierkegaards Lebensanschauung aus. Sein Ideal war, das Leben unmittelbar und unreflektiert zu leben, aber aus intellektuellen und psychologischen Gründen gelang es ihm nicht, dieses Ideal zu verwirklichen. Die Kluft zwischen Körperlichkeit und Geistigkeit, zwischen Unmittelbarkeit und Reflexion war ihm unüberbrückbar. Er war eigentlich Geistigkeit und Reflexion von Anfang bis Ende. Aber in seinen Werken präsentiert und probiert er alternative Lebensanschauungen und Lebensführungen, so dass der Leser die Möglichkeit hat, darüber nachzudenken und seinen eigenen Lebensweg zu wählen.

Kierkegaards Schriften

Jahr	Unter Pseudonym	Unter eigenem Namen
1838		*Aus eines noch Lebenden Papieren. Wider seinen Willen herausgegeben von S.K.*
1841		*Über den Begriff der Ironie mit ständiger Rücksicht auf Sokrates* (Magisterdissertation)
1843	*Entweder - Oder* *Die Wiederholung* *Furcht und Zittern*	*Zwei erbauliche Reden* *Drei erbauliche Reden* *Vier erbauliche Reden*
1844	*Philosophische Brocken* *Der Begriff Angst* *Vorworte*	*Vier erbauliche Reden*
1845	*Stadien auf des Lebens Weg*	*Drei Reden bei gedachten Gelegenheiten*
1846	*Abschließende unwissenschaftliche Nachschrift zu den philosophischen Brocken*	*Eine literarische Anzeige*
1847		*Erbauliche Reden in verschiedenem Geist* *Die Taten der Liebe*
1848		*Christliche Reden*
1849	*Zwei kleine ethisch-religiöse Abhandlungen* *Die Krankheit zum Tode*	*Die Lilie auf dem Felde und der Vogel unter dem Himmel. Drei gottselige Reden*
1850	*Einübung im Christentum*	*Eine erbauliche Rede*
1851		*Über meine Wirksamkeit als Schriftsteller* *Zwei Reden beim Abendmahl am Freitag* *Zur Selbstprüfung, der Gegenwart anbefohlen*
1855		*Der Augenblick* (Flugschrift) *Wie Christus über das offizielle Christentum urteilt* *Gottes Unveränderlichkeit. Eine Rede*

Zum Weiterlesen

1. Von Kierkegaard

Entweder – Oder
Aus dem Dänischen von Heinrich Fauteck.
Herausgegeben von Hermann Diem und Walter Rest, dtv 2005 / 16. Auflage 2020.

Die Krankheit zum Tode - Furcht und Zittern - Die Wiederholung - Der Begriff der Angst
Aus dem Dänischen von Walter Rest, Günther Jungbluth und Rosemarie Lögstrup.
Herausgegeben von Hermann Diem und Walter Rest, dtv 2005 / 9. Auflage 2020.

Textsammlungen
Hermann Deuser / Markus Kleinert (Hrsg.): Kierkegaard zum Vergnügen, Reclam 2013.
Johan de Mylius (Hrsg.): Kierkegaard für Gestresste. Aus dem Dänischen von U. Sonnenberg, Insel 2013.
Annemarie Pieper (Hrsg.): Kierkegaard: Die Hauptwerke - Ein Lesebuch, Narr Dr. Gunter 2018.

2. Zu Kierkegaard

Annemarie Pieper: Søren Kierkegaard, Verlag C.H. Beck 2015.
Peter P. Rohde: Sören Kierkegaard in Selbstzeugnissen und Bilddokumenten, Rowohlt 22. Auflage 1995.
Asa A. Schillinger-Kind (Hrsg.): Sören Kierkegaard. Es gehört wahrlich Mut dazu, dtv 2011.

Zitathinweise

[1] Kierkegaards Journal 1844. In: Ausgewählte Journale, Band 1. Herausgegeben von Markus Kleinert und Gerhard Schreiber, Walter de Gruyter 2013, S. 386

[2] Der Gesichtspunkt für meine Wirksamkeit als Schriftsteller (1848/1859), zitiert nach Chr. Schrempf, S. 540

[3] Kierkegaards Journal 1848. In: Deutsche Sören Kierkegaard Edition, Band 4, Walter de Gruyter 2013

[4] Kierkegaards Journal 1848. In: Deutsche Sören Kierkegaard Edition, Band 5, Walter de Gruyter 2015

[5] Der Gesichtspunkt für meine Wirksamkeit als Schriftsteller (1848/1859), zitiert nach Chr. Schrempf, S.550

[6] Kierkegaards Journal 1835. In: Deutsche Sören Kierkegaard Edition, Band 1, Walter de Gruyter 2005

[7] Ebd.

[8] Kierkegaards Journal 1843. In: Deutsche Sören Kierkegaard Edition, Band 2, Walter de Gruyter 2005

[9] Kierkegaards Journal 1835. In: Deutsche Søren Kierkegaard Edition, Band 1, Walter de Gruyter 2005

[10] Sören Kierkegaard in Selbstzeugnissen und Bilddokumenten dargestellt von Peter R. Rohde. Aus dem Dänischen übertragen von Thyra Dohrenburg. Rowohlt Taschenbuch Verlag GmbH 1959, S. 34

[11] Kierkegaards Journal 1835. Zitiert nach Hermann Deuser / Markus Kleinert (Hrsg.): Sören Kierkegaard: Entweder – Oder, Walter de Gruyter 2017

[12] Sören Kierkegaard in Selbstzeugnissen und Bilddokumenten dargestellt von Peter R. Rohde. Aus dem Dänischen übertragen von Thyra Dohrenburg. Rowohlt Taschenbuch Verlag GmbH 1959, S. 42f.

[13] Ebd. S. 43

[14] Kierkegaards Notizbuch 1840. In: Deutsche Sören Kierkegaard Edition, Band 3, Walter de Gruyter 2011

[15] Kierkegaards Notizbuch 1849. In: Deutsche Sören Kierkegaard Edition, Band 3, Walter de Gruyter 2011

[16] Kierkegaards Notizbuch 1840. In: Deutsche Sören Kierkegaard Edition, Band 3, Walter de Gruyter 2011

[17] Kierkegaards Journal 1843. In: Markus Kleinert / Gerhard Schreiber (Hrsg.): Ausgewählte Journale, Band 1, Walter De Gruyter 2013

[18] Kierkegaard: Die Wiederholung (1843). Aus dem Dänischen von Günther Jungbluth, dtv 2005 / 2020, S. 399

[19] Kierkegaards Notizbuch 1849. In: Deutsche Sören Kierkegaard Edition, Band 3, Walter de Gruyter 2011

[20] Kierkegaard: Gesichtspunkt für meine Wirksamkeit als Schriftsteller (1848/1859). Zitiert nach Chr. Schrempf

[21] Kierkegaard: Literarische Anzeige (1846). In: Sören Kierkegaard. Gesammelte Werke, Band 17, E. Diederich 1954

[22] Kierkegaards Journal 1848. In: Gesammelte Werke, Anhang. E. Diederich 1974

[23] Kierkegaard: Die Wiederholung (1843). Aus dem Dänischen von Günther Jungbluth, dtv 2005 / 2020, S. 432

[24] Kierkegaard: Entweder - Oder (1843). Aus dem Dänischen von Heinrich Fauteck, dtv 2005 /2020, S. 42

[25] Georg Brandes: Sören Kierkegaard. Ein literarisches Charakterbild (1879). Nachdruck 2013

[26] Zitiert nach Hayo Gerdes: Sören Kierkegaard – Leben und Werk, Walter de Gruyter 2019, S. 114

[27] E. Geismar: Sören Kierkegaard. Seine Lebensentwicklung und seine Wirksamkeit als Schriftsteller (1929) S. 636

[28] Ausgewählte Journale, Band 1, herausgegeben von Markus Kleinert und Gerhard Schreiber, De Gruyter 2013, S. 444

[29] Kierkegaard: Der Augenblick Nr. 1 (1855), zitiert nach Frommann (Hrsg.): Sören Kierkegaards Angriff auf die Christenheit: erster Band (1896)

[30] Kierkegaard: Abschließende unwissenschaftliche Nachschrift (1846) zitiert nach E. Hirsch u.a.: Gesammelte Werke

[31] Ebd.

[32] Kierkegaard: Über meine Wirksamkeit als Schriftsteller (1851)

[33] Ebd.

[34] Kierkegaard: Der Augenblick Nr.2 (1855)

[35] Kierkegaard: Entweder – Oder (1843). Aus dem Dänischen von Heinrich Fauteck, dtv 2005 / 2020, S. 731

[36] Kierkegaard: Der Begriff der Angst (1844). Aus dem Dänischen von Rosemarie Lögstrup, dtv 2005 / 2020, S. 490

[37] Kierkegaard: Die Krankheit zum Tode (1849). Aus dem Dänischen von Walter Rest, dtv 2005 / 2020, S. 31

[38] Kierkegaard: Entweder – Oder (1843). Aus dem Dänischen von Heinrich Fauteck, dtv 2005 / 2020, S. 14

[39] Ebd. S. 28-41

[40] Ebd. S. 113-125

[41] Ebd. S. 346-348

[42] Ebd. S. 514f.

[43] Ebd. S. 378

[44] Ebd. S. 501

[45] Ebd. S. 521

[46] Ebd. S. 521

[47] Ebd. S. 548f.

[48] Ebd. S. 561f.

[49] Ebd. S. 686

[50] Ebd. S. 704

[51] Ebd. S. 715f

[52] Ebd. S. 727f.

[53] Ebd. S. 929

[54] Ebd. S. 930f.

[55] Ebd. S. 23f.

[56] Kierkegaard: Stadien auf des Lebens Weg (1845). Zitiert nach Rainer Thurnher, Wolfgang Röd und Heinrich Schmidinger: „Geschichte der Philosophie" Bd. 13: „Die Philosophie des ausgehenden 19. und 20. Jahrhunderts", S. 49

[57] Sören Kierkegaard in Selbstzeugnissen und Bilddokumenten dargestellt von Peter R. Rohde. Aus dem Dänischen übertragen von Thyra Dohrenburg. Rowohlt Taschenbuch Verlag GmbH 1959, S. 68

[58] Kierkegaard: Die Wiederholung (1843). Aus dem Dänischen von Günther Jungbluth, dtv 2005 / 2020, S. 329f.

[59] Ebd. S. 337

[60] Ebd. S. 399 und S. 402

[61] Ebd. S. 408f.

[62] Ebd. S. 414-416

[63] Ebd. S. 423

[64] Ebd. S. 430f.

[65] Kierkegaard: Furcht und Zittern (1843). Aus dem Dänischen von Günther Jungbluth, dtv 2005 / 2020, S. 191

[66] Ebd. S. 239-253

[67] Ebd. S. 258

[68] Ebd. S. 312f.

[69] Kierkegaard: Der Begriff der Angst (1844). Aus dem Dänischen von Rosemarie Lögstrup, dtv 2005 / 2020, S. 490

[70] Ebd. S. 512

[71] Ebd. S. 631

[72] Ebd. S. 488

[73] Ebd. S. 488f.

[74] Ebd. S. 491f.

[75] Ebd. S. 632f.

[76] Annemarie Pieper (Hrsg.): Kierkegaard: Die Hauptwerke. Ein Lesebuch, Narr Francke Attempto Verlag 2018, S. 251

[77] Ebd. S. 76f.

[78] Ebd. S. 82

[79] Ebd. S. 95

[80] Zitiert nach: https://www.reformiert-info.de/S%C3%B8ren_Kierkegaard_am_Montag-11233-0-12-2.html

[81] Gesammelte Werke, übers. und hrsg. von E. Hirsch, H. Gerdes und H-M Junghans. Diederichs 16/2, 29

[82] Kierkegaard: Die Krankheit zum Tode (1849). Aus dem Dänischen von Walter Rest, dtv 2005 / 2020, S. 31

[83] Ebd.

[84] Kierkegaard: Die Wiederholung (1843). Aus dem Dänischen von Günther Jungbluth, dtv 2005 / 2020, S. 399

[85] Kierkegaard: Zwei erbauliche Reden (1843). In: Gesammelte Werke, Diederichs Verlag 1957

[86] Zitiert nach Sören Kierkegaard: Religion der Tat. Sein Werk in Auswahl, Severus Verlag 1948/2013, S.137

[87] Zitiert nach Michael Heymel und Christian Möller: Das Wagnis, ein Einzelner zu sein: Glauben und Denken Sören Kierkegaards am Beispiel seiner Reden, Theologischer Verlag 2013, S. 83-86